中国财政金融政策研究中心
China Financial Policy Research Center

财政金融支持经济高质量发展书系

"一带一路"区域经济合作与金融发展

何青　张策　刘舫舸◎著

中国金融出版社

责任编辑：张菊香
责任校对：刘　明
责任印制：丁淮宾

图书在版编目（CIP）数据

"一带一路"区域经济合作与金融发展／何青，张策，刘舫舸著. --
北京：中国金融出版社，2024. 11.（财政金融支持经济高质量发展书
系）. -- ISBN 978 - 7 - 5220 - 2527 - 8

Ⅰ. F125；F832. 6

中国国家版本馆 CIP 数据核字第 2024Y3K712 号

"一带一路"区域经济合作与金融发展

"YIDAIYILU" QUYU JINGJI HEZUO YU JINRONG FAZHAN

出版
发行　**中国金融出版社**

社址　北京市丰台区益泽路 2 号
市场开发部　（010）66024766，63805472，63439533（传真）
网 上 书 店　www. cfph. cn
　　　　　　（010）66024766，63372837（传真）
读者服务部　（010）66070833，62568380
邮编　100071
经销　新华书店
印刷　北京七彩京通数码快印有限公司
尺寸　169 毫米 × 239 毫米
印张　10
字数　165 千
版次　2024 年 11 月第 1 版
印次　2024 年 11 月第 1 次印刷
定价　43. 00 元
ISBN 978 - 7 - 5220 - 2527 - 8
如出现印装错误本社负责调换　联系电话（010）63263947

前　言

中国作为负责任的大国，长期致力于推动世界各国紧密合作、共赢发展，构建人类命运共同体。习近平主席提出的"一带一路"倡议，切合我国经济发展的实际，积极推动我国与共建国家的经济、政治、文化等一系列合作关系，增强政治互信，共商共建共享的机制也得到了共建国家的广泛认可。

"一带一路"作为新型区域经济合作模式，聚合了来自不同发展阶段、不同文明、不同地域的各方，共寻古代丝绸之路的历史基因，探寻合作共赢的方法，推进基础设施改善、产业发展和国际宏观合作。本书从区域经济合作与金融发展的角度出发，探讨"一带一路"建设对共建国家金融发展水平的影响情况、影响机制，以及是否切实提升了区域一体化水平。

本书通过对金融发展、国际金融市场、新兴市场国家的相关文献总结，结合"一带一路"倡议的《推动共建丝绸之路经济带和21世纪海上丝绸之路的愿景与行动》，客观描绘和分析"一带一路"共建国家的金融发展水平与国际金融市场参与程度。在此基础上，本书从经济增长、贸易合作、货币互换和信号作用等维度逐一分析了"一带一路"倡议对共建国家金融发展的影响；讨论国际投融资合作、国际金融市场在促进共建国家金融发展中的作用，探讨建立人民币国际金融市场的可能性。最后，本书从深化金融合作和加强金融稳定两个角度对结论进行归纳与总结。本书力求能在共商共建"一带一路"、人民币国际化建设、国际金融中心建设等方面得到一些切实可行的政策建议，丰富相关领域的学术文献。

作为中国新一代中央领导集体关于新时期如何开展国际合作的集体智慧的结晶，"一带一路"倡议提出至今已经 11 周年了。我们期待共商共建共享原则能创造更健康的国际关系，以高标准、可持续、惠民生为目标，聚焦重点领域、重点地区、重点项目，持续推进民生工程、民心工程，为构建人类命运共同体、畅通国内国际双循环提供有力支撑和强劲动力。

本成果受到教育部人文社会科学重点研究基地中国人民大学中国财政金融政策研究中心资金支持。

目　录

财政金融支持经济高质量发展书系

第1章

绪论

1.1 研究背景

近年来,世界局势风云突变,大国博弈与竞争全面加剧,逆全球化思潮此起彼伏,"去全球化""脱钩"等成为新的热点话题。2018年中央经济工作会议提出,世界面临百年未有之大变局,变局中危和机同生并存[①]。大变局下,部分发达经济体期待重新打造全球经济分工格局,减少本国对外贸易依赖,遏制他国经济发展和科技进步,渴求企业迁回制造业业务,并为此采取了加收关税、汇率操纵、单边制裁等"逆全球化"措施。中美贸易摩擦、美欧贸易战、英国脱欧等都是大变局下贸易保护主义盛行的例证。2020年以来席卷全球的新冠疫情深刻冲击了世界经济和全球金融市场,极大地加速了这一大变局演进的进程。世界经济陷入衰退,居民正常的社会和生产生活受到阻隔,跨境贸易遭受重创,极大地冲击了全球制造业分工布局,传统的产业链和供应链链接关系遭受到前所未有的考验,企业被迫在当地重建供应链和生产基地。后疫情时期,如何重启全球化进程,最大化全球化带来的共同利益,将是各国际机构和各国政府首脑工作的重中之重。

我国一直致力于推动各国、各民族紧密合作,构建人类命运共同体。早在2013年,习近平主席在访问哈萨克斯坦时提出了共同建设"丝绸之路经济带",同年10月在访问印度尼西亚时提出共同建设"21世纪海上丝绸之路",二者后被统称为"一带一路",受到国际社会的普遍关注。这个合作倡议从我国当前经济发展的实际出发,宗旨是积极发展与共建国家的经济、政治、文化等一系列合作伙伴关系,打造互利共赢的国际合作新平台,为全球经济贸易合作,特别是发展中经济体间的合作提供了新的思路和渠道。

该倡议对于世界经济的贡献表现在以下几个方面:第一是理念上的贡献。"一带一路"提出了共商共建、共生共荣的发展理念,体现了追求人类整体利益的"人类命运共同体"意识,这是中国对世界经济发展新理念的贡献。第二是机制上的贡献。中国倡导并建立了亚洲基础设施投资银行和丝路基金,摆脱了过去以西方国家为主导的国际金融体系,创造了以新兴经济体为主导的国

---

① 资料来源:求是网,http://www.qstheory.cn/zhuanqu/bkjx/2019−01/05/c_1123951425.htm.

际金融合作新机制，为建立更加公平公正的金融体系作出了机制上的贡献。第三是物质成果的贡献。截至 2023 年 6 月，中国已经与 152 个国家、32 个国际组织签署了 200 余份共建"一带一路"合作文件，一些投资项目已经落地，对促进共建国家的经济发展作出了重要的贡献①。后疫情时期，激活新兴经济体经济增长，稳定其金融发展，是帮助世界经济重新走上正轨的重要保证，而"一带一路"倡议提供了切实可行的合作模板。具体而言，"一带一路"倡议的优势体现在以下三个方面。

第一，"一带一路"倡议为世界经济找到新的增长点。该倡议开端于中国，贯通中亚、东南亚、南亚、西亚乃至欧洲部分区域，沿线大多是新兴经济体和发展中经济体，总人口约 44 亿，经济总量约 21 万亿美元，分别约占全球总人口和经济总量的 63% 和 29%。"一带一路"共建国家要素禀赋各异，发展水平不一，互补性很强，建设"一带一路"有利于中国与共建国家进一步发挥各自的比较优势，促进区域内要素有序自由流动和资源高效配置。国际上基础设施建设进入加速发展期，未来无论是"一带一路"区域还是亚太地区乃至全球的铁路、公路、机场、港口等硬件基础设施都将实现无缝连接，形成立体、综合的交通运输网络，形成一系列经济带和经济走廊；各个国家在经济政策、口岸管理、通关程序、检验检疫等经贸管理手段上将趋于一致，贸易与投资的便利化程度将得到极大提高；各国人民在教育、科技、文化、旅游、商贸往来等方面交往更加频繁。"一带一路"倡议有望成为区域经济合作的里程碑事件并使亚欧大陆发生深刻改变，"一带一路"倡议也将为亚欧国家带来一个历史性机遇，有望把超过 60% 的世界人口引向前所未有的凝聚和繁荣，刺激全球经济形成新的增长点。

第二，"一带一路"倡议是国际合作的新台阶。"一带一路"倡议是中国倡导的国际合作方案，也是全球公共产品，功在当代、利在千秋。时代是出卷人，我们是答卷人。"一带一路"倡议着眼全局，契合了世界各国和平发展的共同愿望和当今世界发展的总体趋势，提出了解决当今世界难题的中国方案，充分彰显了中国关注人类前途命运的天下情怀，充分体现了中国为人类作出新的更大贡献的历史担当。"一带一路"倡议与时代同步伐，推动经济全球化迈向新阶段；与世界人民共命运，为解决时代命题和世界难题提供破解之道。实

---

① 资料来源：中国一带一路网，https://www.yidaiyilu.gov.cn/p/77298.html。

践表明，共建"一带一路"不仅是经济合作，而且是完善全球发展模式和全球治理、推进经济全球化健康发展的重要途径。"一带一路"是一个开放包容的合作平台，有力地推动了共建国家政治互信、经济互融、人文互通。如今，"一带一路"合作涉及领域正在不断延伸，其重要意义不仅在于促进世界各国间的产能合作、互联互通，更在于构建一个全球化、开放型、包容性的全球发展体系。中国作为最大的发展中经济体，通过"一带一路"倡议，共商共建共享国际合作，造福各国，惠及世界，极大地凝聚了广大发展中经济体共同维护世界和平、安全和发展的信心与力量。

第三，"一带一路"是区域合作的新模式。"一带一路"倡议秉持"大家的事由大家商量着办"的共商共建共享的全球治理观，努力消除旧秩序里西方世界和非西方世界之间的贫富悬殊，深度参与国际秩序调整，让世界向着更加和谐、美好的方向发展。"一带一路"倡议与跨太平洋伙伴关系协定（TPP）、跨大西洋贸易与投资伙伴协定（TTIP）谈判完全不同：一是"一带一路"不设排他性的苛刻规则，不限国别范围，不搞封闭机制，有意愿的国家和经济体均可参与进来，以共商共建共享为原则，倡导与不同民族、不同文化、不同发展水平的国家进行合作，拓展与亚欧市场的合作，推动市场多元化战略，是一种由中国首倡的、各方共赢的、包容性巨大的新型国际合作机制。二是突出包容性的共赢理念。"一带一路"秉持的是和平合作、开放包容、互学互鉴、互利共赢的理念，它以政策沟通、设施联通、贸易畅通、资金融通、民心相通为主要内容，全方位推进务实合作，打造政治互信、经济融合、文化包容的开放性共赢性区域共同体。共建"一带一路"为区域合作新模式作出了重要贡献，将有力推动构建人类命运共同体事业不断向前发展。

1.2 研究意义

"一带一路"是开放的国际合作倡议，不论来自亚洲、欧洲，还是非洲、美洲的国家，都是"一带一路"建设的合作伙伴。但不可否认的是，"一带一路"建设根植于丝绸之路的历史土壤，重点是亚洲、欧洲和非洲的国家，这些国家普遍是发展中经济体和新兴经济体，特点是经济增长快、经济发展不平衡、城镇基础设施建设薄弱、国民储蓄率较低，尤其是金融市场发展滞后、缺少进入国际金融市场的渠道。金融发展的落后直接催生出两大发展的难题和矛盾：一方面是这些国家和地区的工业化及城镇化迫切需要大量的基础设施建设与脆弱的金融体系难以支撑基础设施的投入之间的矛盾，另一方面是这些国家和地区快速的经济增长使得各个阶层的金融服务需求不断增长与现有金融体系仅能覆盖有限的客户群之间的矛盾。

习近平主席在2017年第一届"一带一路"国际合作高峰论坛开幕式的演讲中提出，"我们要建立稳定、可持续、风险可控的金融保障体系，创新投资和融资模式，推广政府和社会资本合作，建设多元化融资体系和多层次资本市场，发展普惠金融，完善金融服务网络"①。习主席的讲话体现了"一带一路"倡议中对金融发展的总体概括，针对"一带一路"共建国家金融发展两大突出的矛盾和难题进行纾解。首先，要保障金融体系的稳定性和安全性，这是各国金融发展的底线和红线，也是共商共建"一带一路"最基本的共识。其次，把"一带一路"建设作为金融创新的重要机遇和推动力，拓宽融资渠道、拓展资本市场的多样性，使金融在最大程度上发挥投融资的功能，服务于"一带一路"共建国家的发展和建设。最后，资金融通不能局限于为大项目、大规划提供资本支持，也要聚焦于有金融服务需求的社会各阶层和群体，发展普惠金融就是为小微企业、居民、农民等提供可负担的、有效的金融服务，争取在"一带一路"共建区域建立一个宽覆盖、高标准的金融服务网络。

已有的实证研究，如罗煜等（2017）和沈梦溪（2016），主要关心在"一带一路"基础设施建设过程中的国家风险问题以及亚洲基础设施投资银行和丝路基金等国际金融平台的作用，而不是各国的金融发展。着眼于未来，"一带一路"所需要的金融体系和投融资支持绝不仅仅是单方面的、单方向的、单币种的、单渠道的资金支持，而是需要"一带一路"共建国家共同付出、共担风险、共享收益，建设有持续发展动力、功能互补、优势互补的各国金融体系和国际金融市场。

本书通过对金融发展、国际金融市场、新兴市场国家的相关文献总结，结合"一带一路"倡议的愿景和行动，客观描绘和分析"一带一路"共建国家的金融发展水平与国际金融市场参与程度。在此基础上，本书分析了"一带

---

① 人民网：http://cpc.people.com.cn/n1/2017/0515/c64094－29274601.html.

一路"倡议的提出是否能改善各国的金融发展水平，并尝试从经济增长、贸易合作、货币互换和信号作用等维度逐一分析"一带一路"倡议的提出对共建国家金融发展的作用；进而讨论国际投融资合作、国际金融市场在促进共建国家金融发展中的作用，探讨建立人民币国际金融市场的可能性。最后，本书从深化金融合作和加强金融稳定两个角度对结论进行归纳与总结，力求能在共商共建"一带一路"、人民币国际化建设、国际金融中心建设等方面得到一些切实可行的政策建议，丰富相关领域的学术文献。

1.3 研究内容

第1章是绪论，主要阐述本书的研究背景、研究意义，进而引出研究内容和研究方法，介绍本书的创新点和价值。

第2章是文献综述和"一带一路"区域经济合作实践。首先，本书对金融发展的界定和度量进行了综述。金融部门涵盖金融中介、金融工具、金融市场以及对应的法律和监管框架，因而准确评估和度量金融发展非常困难。接下来，本书对金融发展的重要性进行讨论。金融部门是现代社会以及经济发展的核心部门，金融部门发展对于经济增长的巨大促进作用在理论和实践中都已经得到了证明。虽然有关金融波动和金融稳定的讨论认为金融并不完全对经济增长是单调促进的，但是拉长时间区间来看，即使有金融危机，整体人类社会仍然因金融的发展而不断地进步。同时，金融发展在缩小收入不平等和减贫方面的作用越来越重要。金融发展的影响因素方面，本章从制度因素、政策因素、自然和文化因素、其他因素四个方面进行讨论。区域经济合作理论主要从宏观经济与贸易合作、发展融资两个方面进行讨论，为后面"一带一路"建设促进共建国家金融发展的机制分析搭建理论根基。"一带一路"区域经济合作实践概述了"一带一路"倡议提出的背景、目标、内涵、重点、机遇与挑战，并就金融支持和共建国家的基本情况进行详细分析，简要讨论了"一带一路"合作的现状以及对共建国家的影响。

第3章是区域经济合作影响金融发展的理论机制。本章主要从四个方面分析"一带一路"建设影响共建国家金融发展的理论机制。首先是行为因素。"一带一路"倡议发出之后，改变了市场主体对共建国家经济增长和金融发展的市场预期以及相关投资决策的风险偏好，从而影响了"一带一路"共建国家的资本市场、信贷流动、主权风险溢价和微观主体的国际金融市场连通渠道。其次是资金约束。"一带一路"从三个方面改进了共建国家的资金约束：一是流动性改进。流动性的提升和改进可以让既有的钱发挥出更大的作用。二是外部资金的供给。通过各政府间资金投资和以"一带一路"巨大市场机会吸引外部融资的方式来缓解资金供给难题。三是内部资金使用效率的提升。共建国家可以更好地利用外部资金带来的溢出效应，在共商共建共享中学习发达经济体金融机构的运营和管理能力，提升本国金融机构的运行效率。再次是风险分担。"一带一路"建设中的共商共建共享让共建国家紧密地联系在一起，通过人员往来、贸易联系、金融合作、产业链分工，异质性冲击的影响可以在区域内共担，避免了单一风险对单一国家的冲击。最后是宏观经济政策协调。宏观经济政策协调提高了金融服务实体经济的效率，"一带一路"建设是以项目为依托，避免了单纯的金融空转。"一带一路"的宏观经济政策协调也可以加强金融合作，增强本区域抵御外部冲击的能力。

第4章是"一带一路"建设对共建国家金融发展的影响。我们采用双重差分方法来探究签订"一带一路"政府间合作文件对共建国家金融发展的影响，金融发展的指标选择的是国际货币基金组织（IMF）发布的金融发展指数，它包括了金融机构和金融市场两个维度，每个维度下面有深度、可得性和效率三个子指标。我们的研究结果发现，"一带一路"建设能够显著提升共建国家的金融发展水平，这一效果在金融机构中体现得最为明显，在金融市场中有一些抑制作用。进一步，结合IMF金融发展指数的构建基础，本书分析了"一带一路"建设对共建国家金融机构深度、可得性和效率以及金融市场深度、可得性和效率的影响与机制。从这些讨论中可知，共商共建共享"一带一路"的建设成果，尤其是基础设施联通的大项目，主要体现在提升共建国家金融机构的深度、可得性和效率上，以金融机构为主的间接融资对以金融市场为主的直接融资起到了一定的抑制作用。在国家异质性的讨论中，"一带一路"建设对共建国家的金融发展的促进作用主要体现在新兴市场和低收入国家中，对发达经济体的影响则相反。

第5章是"一带一路"建设影响共建国家金融发展的机制分析。本章基于"一带一路"倡议的重点以及共建国家的核心特征,从三个方面讨论"一带一路"建设是如何改变和影响共建国家金融发展的,包括资金可得性、风险水平和政策协调。从结果来看,以中国对共建国家的直接投资作为资金可得性的分析,与中国签订"一带一路"政府间合作文件后,中国对共建国家的直接投资存量显著提升,这种效应在低收入国家中表现得最为明显。利用经济学家情报单位(EIU)的风险指标分析发现,"一带一路"建设主要降低了低收入国家的金融部门风险和经济结构风险,对发达经济体的这两类风险,以及所有国家的政治风险都没有显著影响。政策协调方面,我们以中国人民银行与共建国家货币当局签署双边本币互换协议为代理变量,发现"一带一路"政府间合作文件的签订提升了双方后续签订双边本币互换协议的可能性。

第6章是"一带一路"建设与区域金融一体化。这一章从汇率锚定、通胀相似度、货币政策趋同程度以及金融市场联动性的角度,探究"一带一路"建设是否真的提升了区域金融一体化程度。研究结果发现,伴随着"一带一路"建设的推进,共建国家货币更加锚定人民币,通胀相似度提升,货币政策趋同程度提升,金融市场联动性提升。这些作用主要体现在低收入国家和新兴市场国家中,对发达经济体的作用并不明显,甚至有可能反向。所有的区域金融一体化指标中,汇率锚定的作用最为明显。

第7章是"一带一路"建设与国际协调。本章通过简要梳理当前货币政策协调和财政政策协调的理论与现状,进而将关注点转移到"一带一路"建设中的国际协调中来。目前来看,虽然货币政策协调有良好的技术标准,但随着利率水平下降,货币政策协调更加偏向相机抉择。财政政策协调一直以来是主权国家间政策协调的难点,拥有共同目标的财政政策协调可以在一定时期内达成一致。"一带一路"倡议下的国际协调有了共同的目标、平台和基础,能够更加优质地处理协调中的各类问题,从而促进金融发展。

第8章是全书的结论和政策建议。

本书的技术路线图见图1.1。

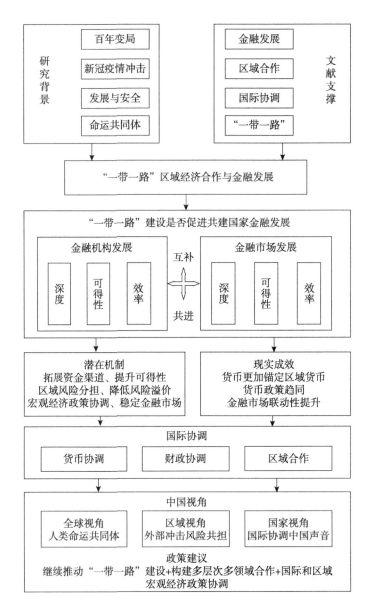

图 1.1　技术路线图

1.4　研究方法

第一，文献分析法，具体体现在三个方面：其一，梳理既有的关于金融发展的国内外文献，明晰本书的关键词"金融发展"的概念内涵与定义，确定本书研究的对象和主要内容；其二，归纳有关区域合作的相关文献，从多个视角审视既有的区域合作理论，服务于本书的研究内容和研究对象；其三，探讨金融发展的影响机制，将其归纳为四个方面，可以更好地分析和识别"一带一路"建设的潜在影响机制。

第二，统计与实证分析的方法，针对不同的研究主题与研究目的，结合不同数据结构的特点，综合运用描述性统计、双重差分模型、调节效应、分组回归等方法。描述性统计可以最为直观地看出"一带一路"建设对于不同类型国家金融发展的影响，双重差分模型则从对照组和实验组的角度科学分析了"一带一路"建设的影响，调节效应可以评估不同国家特征的差异性影响，分组回归可以基于不同的国家组别讨论影响效应的差异。

第三，案例和实践分析的方法。"一带一路"建设作为新型区域经济合作方式，有一些特点是传统的区域合作理论所无法覆盖的，比如共商共建共享、人类命运共同体等。它一方面体现了新时期中国的外交新思路，另一方面展现了中国的大国担当。利用案例和实践讨论的方法，可以从中归纳总结出"一带一路"建设影响共建国家金融发展的新途径和独特机制。

1.5 创新点

第一，本书对"一带一路"影响共建国家金融发展问题进行了系统研究。长期以来，作为"一带一路""五通"之一的资金融通较少受到关注，已有的研究也主要讨论项目融资的现实实践问题以及亚洲基础设施投资银行和丝路基金的区域金融平台，尚没有系统性地研究讨论"一带一路"建设是否改善了共建国家的金融发展水平。本书力求在这个问题上进行全面的分析和讨论，得到"一带一路"建设是否影响共建国家金融发展的稳健结论。

第二，理论分析与实证分析相结合。"一带一路"建设影响共建国家金融发展是一个兼具理论和现实的问题，所以本书重视理论分析和实证分析的结合讨论，从理论中引出可能的结论和机制，进而运用科学的实证分析方法进行验证。相符的结果可以探讨"一带一路"建设影响共建国家金融发展的成果，相悖的结果也可以讨论"一带一路"建设的特质性影响机制。

第三，探讨中国相关的重大现实问题。"一带一路"倡议作为中国提出的重要国际倡议，展现了新时期中国的外交思路和人类命运共同体的发展理念。本书从促进共建国家金融发展的角度讨论"一带一路"的建设成果，可以更好地评估和分析"一带一路"建设的作用，以期在未来的"一带一路"建设中更好地发挥优势、规避风险，促进共建国家的金融发展水平，提升区域经济一体化水平。

财政金融支持经济高质量发展书系

第2章

文献综述和"一带一路"区域经济合作实践

2.1 金融发展的界定和度量

金融部门涵盖金融中介、金融工具、金融市场以及对应的法律和监管框架，其五大核心功能是：（1）事前产出关于投资和资本配置的信息；（2）在提供融资后监管投资和行使公司治理职能；（3）促进风险的交易、多样化和管理；（4）汇集储蓄并投放贷款；（5）简化货物和服务的交换。金融发展通常是对一个国家或地区经济系统中特定金融部门的活动进行的一种比较宽泛的定义、描述和概括。其本质上而言是克服金融体系中获取信息、执行合同和进行交易的困难。这一过程催生了金融工具、金融市场和金融中介，并帮助金融体系更好地发挥其在经济中的核心职能。不同类型信息、合同和交易成本的组合，以及不同的法律和监管框架，促使各国在不同时期产生了各异的金融合同、市场和中介机构（世界银行，2014）。根据戈德史密斯（Goldsmith，1969）的解释，金融发展主要指金融结构的变化，既包括短期变化，也包括长期变化。默顿（Merton，1995）的观点是金融发展是金融系统不断向前演变的过程，包括金融功能的逐步显现、金融工具的逐步丰富、金融市场环境的逐步改善等。并且随着金融系统的不断发展，金融体系会更加复杂，生产资源的配置效率也会逐步提升。莱文（Levine，1997）进一步认为，除了资源的优化配置功能，金融发展还应该包括金融监管和公司治理，市场流动性和风险分散都应该被涵盖进去。

一个准确的金融发展度量指标对于评估各国金融部门的发展及其对降低收入不平等、经济增长的影响都有重要作用。由于金融发展概念宽泛、定义不统一且涉及金融部门中的机构、市场和产品等多个维度，在文献和实践中没有非常统一的对金融发展的定义或测度。以往研究中选择的度量指标纷繁多样，例如利用货币总量或资本总量占国内生产总值（GDP）的比重、金融机构资产占GDP的比重、流动负债占GDP的比重、存款占GDP的比重、股票市值、股票交易量以及上市公司数量等指标来度量金融发展水平。其中，比较有代表性的是金和莱文（King and Levine，1993）、Levine等（2000）采用的广义货币（M_2）占GDP的比重来度量金融发展水平。这类度量的出发点是金融系统包括中央银行、商业银行及其他金融机构，这些金融机构的货币总和能够较好地度量金融部门的发展水平和绝对规模。奇哈克等（Čihák et al.，2012）提出了一个全面但相对简单的二维框架，以衡量世界各经济体的金融发展。该框架包括四组代理变量——金融深度、金融可得性、金融效率和金融稳定性，这些变量是一个经济体金融体系运作良好的特征。将金融部门分为两部分——金融机构和金融市场，分别衡量这两部分在四个维度的发展情况。黄凌云等（2021）则从规模、结构和效率三个维度，采用相对化处理法和变异系数法相结合的方法进行测度，发现中国金融发展质量总体持续改善，区域层面呈现梯度效应。

2.2 金融发展的重要性和影响因素

2.2.1 金融发展的重要性

2.2.1.1 金融发展与经济增长

金融部门是现代社会及经济发展的核心。大量研究表明，金融部门的发展在经济发展中发挥着巨大的作用。它通过提高储蓄率、汇集储蓄并投放贷款、提供投资信息、促进和鼓励外资流入以及优化资本配置等实现了资本积累和技术进步，并最终促进经济增长。金融体系较发达的国家经济往往在很长一段时间内增长较快，已有研究表明这种影响为因果关系：金融发展不仅仅是经济增长的结果，它也有助于经济增长。

金融部门的发展可以通过提供融资渠道来帮助中小企业的发展。中小企业通常是劳动密集型企业，其创造的就业机会比大公司多。它们在经济发展中发挥着重要作用，特别是对新兴经济体。值得一提的是，金融发展不仅仅是建立金融中介机构和基础设施，它还需要对所有重要实体制定强有力的监管和监督政策。2008年的国际金融危机凸显了金融部门管理政策疲弱给金融发展和经济增长带来的灾难性后果。因此金融发展对经济增长的重要性不仅体现为运作良好时的正向促进作用，也体现为金融体系运行出现问题时对经济增长所造成的灾难性后果。

早期的经济增长理论仅考虑了资本积累、技术进步、劳动分工和劳动力增长等实体经济中真实存在的事物对经济增长的影响，货币、金融资产的作用在早期的经济增长文献中一直被忽略。一般认为，巴杰特（Bagehot，1873）是第一个将金融发展和经济增长关联在一起的人，他根据英国工业革命的实践认为金融行业通过加快资本流动，降低交易成本从而实现了资源的高效配置，推动了经济增长。熊彼特（Schumpeter，1911）在其《经济发展的理论》（*The Theory of Economic Development*）一书中基于创新的视角探讨了金融发展与经济增长的联系，认为经济增长的核心推动力是企业家的创新，而这一职能的实现则依赖于金融部门所提供的融资服务。格利和肖（Gurley and Shaw，1960）、戈德史密斯（1969）认为金融发展对经济增长有不可估量的推动作用，具体表现为包含货币体系（中央银行和商业银行）和非货币金融中介体系的金融部门将储蓄者的储蓄汇集起来，转化为面向企业部门的投资，实现资源的优化配置，从而提高生产性投资水平，推动生产技术的进步，革新经营制度和管理理念。帕特里克（Patrick，1966）指出金融体系可以优化当前的资本结构，从而更有效地配置资源，并从需求推动和供给拉动两个方面阐释了金融发展与经济增长的关系。需求推动是指经济增长先产生对特定金融服务的需求，对应的金融部门再蓬勃发展的过程；供给拉动是指在经济增长产生要求前就前瞻性地发展金融部门，以适应经济发展的潜在需求。对于发展中和欠发达经济体，需要采用供给推动型的金融发展政策刺激经济增长。

后续研究进一步探究了如何最优化金融政策以促进经济增长，尤其是政府对利率这一重要的价格要素进行管控的必要性和合理性。麦金农（Mckinnon，1973）和肖（Shaw，1973）针对发展中经济体金融抑制的现象——人为压低存贷款利率以求低成本汇集和使用国内外金融资源，分别提出"金融抑制"理论和"金融深化"理论，认为政府部门压低的存款利率影响了金融体系汇集储蓄的能力，从而抑制了储蓄总量的扩张，造成金融市场资金供给不足；人为压低的贷款利率则造成了资金的过度需求和低效率分配，弱化了金融体系的资源配置功能。金融市场资金供求的失衡限制了实际经济增长和居民收入的增加，进而又抑制了金融市场总量资金的供给。因此需要实施金融自由化政策，放开金融资产价格——利率和汇率，使价格能够真实地反映金融市场资金的供给关系，从而充分发挥金融市场的汇集和配置资源的功能。弗莱（Fry，1980）进一步论述了放开利率管制的积极作用。这一系列研究后被称为麦金农—肖学派。拉詹和津加莱斯（Rajan and Zingales，1998）则从外部融资成本的角度，支持金融发展促进经济增长。

也有研究表明金融发展不利于经济增长。其中一个观点是从金融稳定和波动性的角度出发，比如明斯基（Minsky，1964）的金融不稳定假说、德文诺和韦尔奇（Devenow and Welch，1996）提出的羊群行为假说。明斯基（1964）

提出了著名的明斯基时刻，即经济繁荣时期市场投资者承担的风险不断累积，超过某一个临界点后，持有资产所产生的现金流不足以偿付购买资产时产生的债务，从而引致资产价格的崩溃。2008 年国际金融危机就是这一理论的最好例证。Devenow 和 Welch（1996）认为有限理性的经济主体类似于一个羊群，表现为在一段时间内跟风买入或者卖出相似的股票，从而使整体表现出向错误方向的系统性偏离。在一篇当时似乎颇具争议但后面看来具有预言性的论文中，Rajan（2006）讨论了金融发展的潜在风险，指出大型和复杂的金融体系的存在增加了"灾难性崩溃"的可能性。詹奈奥利等（Gennaioli et al，2012）认为即使没有杠杆作用，在存在一些被忽视的尾部风险的情况下，金融创新也可以增加金融脆弱性。除了增加波动性外，金融部门的过度发展还可能导致人才配置不理想。例如，托宾（Tobin，1984）指出，金融部门的过度发展可能导致大型金融机构从经济生产部门"窃取"人才，因此从社会角度来看效率低下。

基于上述理论分析，大量研究利用跨国或者国家内区域数据探究了金融发展与经济增长的关系。戈德史密斯（1969）是第一个表明金融体系规模与长期经济增长之间存在正相关关系的人。他认为，这种积极关系是金融中介提高效率而非增加投资额所推动的。但他并没有确定二者之间是否存在因果关系。20 世纪 90 年代初，经济学家们开始努力找出从金融到增长的因果关系。King 和 Levine（1993）首先表明金融发展导致了经济增长，进一步使用 80 个国家 1960 年至 1989 年间的数据，提供了跨国的实证证据，发现金融体系对所有经济体的经济增长都有积极的影响。具体而言，金融发展指标与经济效率提高、实物资本积累和人均 GDP 增长呈正相关。Rajan 和 Zingales（1998）发现由于技术原因更依赖金融的工业部门在金融部门较大的国家增长相对较多，为从金融到经济发展的因果关系提供了补充证据。沿着这一脉络，贝克等（Beck et al.，2000）使用不同的计量方法和工具证明了金融发展影响经济增长的因果关系。

卡尔德龙和刘（Calderón and Liu，2003）利用 109 个发达经济体和发展中经济体的数据检验了金融发展与经济增长之间的因果关系，发现金融发展与经济增长之间存在双向的格兰杰因果关系。同样地，班加克和埃戈（Bangake and Eggoh，2011）在 1960 年到 2004 年间 71 个发达经济体和发展中经济体构建的面板中发现了金融发展与增长之间的双向因果关系。部分学者专注于发展中经济体金融发展对经济增长的影响。克里斯托普洛斯和齐奥纳（Christopoulos and Tsiona, 2004) 探究了 10 个发展中经济体的金融深度和经济增长之间的长期关系, 结果表明金融深度对经济增长有正向贡献, 且为单向因果关系。阿斯哈尔和侯赛因 (Asghar and Hussain, 2014) 分析了 1978 年至 2012 年发展中经济体的金融发展和经济增长之间的联系, 结果同样支持金融发展有助于发展中经济体的长期经济增长。比尔斯马等 (Bijlsma et al., 2018) 对来自 68 篇实证研究的 551 个估计值进行了荟萃分析 (meta-analysis), 认为以往文献很可能夸大了金融发展的经济增长效应的规模, 赞同了"金融过度化假说", 当考虑了发表偏差后应用对数估计发现私营部门信贷增加 10 可使经济增长提高 0.09 个百分点, 而应用线性估计则未发现显著影响。

国内学者也基于中国经验大量探究了金融发展和经济增长的关系。谈儒勇 (1999) 使用 1993 年至 1998 年的季度数据, 运用普通最小二乘法 (OLS) 探究了中国金融发展与经济增长的相关关系, 发现我国金融中介的发展与经济增长有显著正相关关系, 股票市场的发展与经济增长则没有联系。李广众和陈平 (2002) 构建了三变量向量自回归 (VAR) 系统模型, 研究表明我国经济增长与金融中介效率指标之间表现出双向的因果关系, 而与金融中介的规模不存在双向因果关系。孔东民 (2007) 利用门槛回归的方法研究发现当通货膨胀率处于 3.9% (或 6.5%) 以上的区间时, 金融发展与经济增长之间存在显著的正向相关关系, 而当通货膨胀率处于 3.9% (或 6.5%) 以下的区间时, 金融发展与经济增长之间的关系在统计上不显著。武志 (2010) 使用戈德史密斯指标, 剔除金融发展中的虚假成分以得到真实的发展水平, 基于该指标的结果表明金融增长可以促进经济增长, 但是真实的金融发展只能由经济增长所带来。崔建军和王利辉 (2014) 采用广义矩估计分析的方法发现, 金融全球化与金融稳定性之间存在显著的负向相关关系, 金融稳定与经济增长之间存在显著的正向相关关系, 金融全球化与经济增长之间存在显著的正向相关关系。贾俊生等 (2017) 通过在标准的内生经济增长框架下引入专利部门和金融发展要素, 指出创新是金融发展影响经济增长的重要渠道, 并且通过实证研究发现企业创新得益于信贷市场的可得性, 资本市场融资功能的不完善会限制创新的作用发挥。文书洋等 (2023) 基于现代经济增长框架和全球面板数据的实证证据, 强调了金融部门的无序扩张会损害经济增长, 认为推动金融业向实体部门合理让利的根本在于构建合理的"产业—金融"利润分配机制从而有效支持经济发展。

上述研究都是在国家层面探究中国金融发展和经济增长的联系。随着研究的深入，我国部分学者开始在区域层面探究金融发展对经济增长是否有促进作用。周立和王子明（2002）使用1978年至2000年的地区和省级层面数据探究二者关系，发现中国各地区的金融发展对长期经济增长有正向促进作用，若一个地区金融发展的初始水平较低，则会显著抑制其金融发展的促进作用。艾洪德等（2004）的研究表明不同地区二者的关系具有显著差异，国家层面和东部地区的金融发展与经济增长呈现正相关关系，中西部地方则呈现负相关关系，这表明金融体系的市场化改革不可操之过急，过度的金融开放可能抑制欠发达地区的经济增长。冉光和等（2006）基于东部地区和西部地区省级数据的研究同样表明金融发展与经济增长在不同地区呈现出不一致的影响关系。杨胜刚和朱红（2007）专注于我国中部地区的金融与经济发展现状，使用6个省份的省级数据，探究了中部地区金融发展、经济增长、产业结构与城镇化水平之间的长短期关系，发现中部地区金融发展与经济增长在长期表现出均衡关系，在短期则无显著联系。戴淑庚等（2023）基于我国30个省份2000—2020年的面板数据，发现我国金融发展与经济增长之间的关系存在着基于人力资本积累的双门限效应，各地区人力资本积累水平的差异是造成金融发展的经济增益作用存在明显区域异质性的主要原因，只有当人力资本积累水平达到并跨过相应门限值时金融发展才能成为实体经济增长的驱动力。

2.2.1.2 金融发展、收入不平等与贫困

金融发展的另一个重要影响体现在其缩小收入不平等和减贫。收入不平等抑制了贫困人口获得生产资源的能力，使其生产能力没有得到充分利用，导致经济低效。金融发展则可以扩大贫困人口和弱势群体获得资金的机会，减少他们遭受冲击的脆弱性来促进风险管理，并增加他们的投资和生产力，从而增加其收入，最终达到减少贫困和缩小收入不平等的效果。卡佩尔（Kappel，2010）使用78个发展中经济体和发达经济体1960年至2006年的跨国面板数据，研究发现金融发展显著减少了贫困和抑制了收入不平等，且金融发展对贫困的影响大于对收入不平等的影响。

让纳内和克波达尔（Jeanneney and Kpodar，2011）进一步探究了金融部门的发展如何在发展中经济体达到减贫的效果，结果表明金融发展使贫困人口更容易获得流动资产并保有更高的储蓄率，从而提升贫困人口收入，但在国际金融危机期间也使贫困人口承担了更多的损失。金和林（Kim and Lin，2011）

指出金融发展对收入不平等的影响是非线性的,存在金融发展水平的临界值。低于临界值时,金融发展会使收入不平等加剧;超过临界值后,金融发展才能起到缩小收入不平等的作用。劳等(Law et al.,2014)探究了1985年至2010年81个国家的金融发展对收入不平等的影响是否取决于制度发展水平。结果表明,只有当制度发展水平超过一个阈值时,各国的金融发展才能显著减少收入不平等。在这一阈值以下时,金融发展对收入不平等的影响可以忽略不计。基于中国省级层面数据,钱水土和许嘉扬(2011)对中国不同区域金融发展对农民收入的影响进行了比较和分析,发现不同区域存在显著的差距,西部地区农村金融发展对农民收入具有显著的负面影响,而东部地区和中部地区农村金融发展则表现出正向影响。周慧珺和龚六堂(2020)基于2001—2012年中国综合社会调查(CGSS)数据构建省级面板,实证发现金融规模与收入分布厚尾性之间存在稳健的倒"U"形关系,金融效率对收入分配存在着尚不稳健的积极作用,认为金融发展在成熟的阶段会对缩小收入差距有所裨益。

2.2.2 金融发展的影响因素

金融发展对经济增长、缩小收入不平等和减贫的积极作用凸显了其重要性,因此有必要理解不同经济体金融发展的起源及差异的原因。部分学者开始着眼于探究金融发展水平的影响因素,主要包括制度因素、政策因素、自然因素等。

2.2.2.1 制度因素

已有广泛的研究基于政治经济学的视角,探究了制度因素对金融发展的重要作用,尤其是涉及产权保护、合同执行和会计实践等的法律与监管体系。拉波塔等(La Porta et al.,1997)指出不同的法典起源对金融发展有重要影响,具体表现为对债权人和股东的差异对待,以及合同执行效率的不同。普通法系的国家更注重个人权利并倾向于保护私有财产,而大陆法系的国家更注重国家和集体的权利,通常合同执行效率更低,因此金融发展水平相较于普通法系的国家更低。迈耶和苏斯曼(Mayer and Sussman,2001)则强调了与信息披露、会计准则、银行监管和存款保险相关的规定对金融发展的实质性影响。

从利益集团的角度出发,Rajan和Zingales(2003)指出现有的利益集团可能会看到自身的利润被侵蚀,在国家相对封闭时会反对发展一个更透明、更有竞争力的金融部门。而当贸易开放和金融开放达到一定程度,现有利益集团则有动机支持金融发展，以寻求更多的资金来满足外国竞争，因此此时的利润增长可以部分抵消垄断利益的损失。此外，贝克等（Beck et al.，2003）发现早期定居者死亡率的差异可以解释前殖民地之间金融发展的跨国差异，而这种殖民历史主要通过影响政治体制进一步影响各经济体现在的金融发展水平（Herger et al.，2008）。

2.2.2.2　政策因素

政策对金融发展的重要性体现在可以通过供给侧或者需求侧促进其发展，已有研究主要探究了低通胀政策、金融自由化、贸易自由化等政策。

理论研究表明，高通货膨胀率降低了实际储蓄回报率，抑制了居民的储蓄意愿，这导致了储户的减少和储蓄水平的下降。信贷市场中的信息摩擦会变得更加严重，信贷也会更加稀缺（Moore，1986；Azariadis and Smith，1996）。此外，海宾斯和史密斯（Huybens and Smith，1999）指出高通货膨胀率的经济体难以达到高资本存量的经济稳态，且伴随着高通胀率的高利率会降低这些经济体金融市场的效率。大量实证研究为这一理论判断提供了实际证据。博伊德等（Boyd et al.，2001）使用1960年至1995年100多个经济体的数据，发现通货膨胀率对金融发展有统计和经济上的负向影响，且这种影响随着通货膨胀率的上升边际递减。德赫萨等（Dehesa et al.，2007）对120个经济体在1997年至2004年面板数据的研究表明，较低的通货膨胀增加了各经济体的信贷额。安德里亚尼沃和亚伊特（Andrianaivo and Yartey，2010）专注于欧洲新兴国家和非洲国家两个样本，同样发现通货膨胀不利于金融发展的证据。比滕库尔特（Bittencourt，2011）对巴西这一单一国家的研究得到了同样的结论。

麦金农—肖模型（1973）指出，金融抑制降低了社会总投资的数量和质量，而金融自由化可以通过增加投资及提高生产率来促进经济增长。之后大量研究开始探讨金融自由化对金融发展的影响，但相关研究并未得到一致性的结果。克莱森斯等（Claessens et al.，2001）发现银行市场的开放改善了国家银行系统的功能和金融服务的质量，提升了银行客户体验及银行的低盈利水平。莱文（Laeven，2003）探究了银行部门的自由化是否有助于减少金融限制和资本溢价的外部成本，并促进投资和金融发展，最终得到正向结果。伊藤（Ito，2006）发现以资本账户开放度度量的金融自由化对欠发达经济体和新兴市场经济体的债券与股票市场的发展都有积极影响。汉（Hanh，2010）基于亚洲29

个发展中经济体 1994—2008 年的面板数据，发现金融发展与金融开放度之间的关系是异质性的，并随着测量方式的改变而发生变化。通过不同的指标构建策略，奥兹科克（Ozkok，2015）更好地度量了金融开放与发展水平，使用发达和新兴市场国家的面板数据研究发现金融开放度对金融发展有积极的影响。但金融自由化并非没有风险，其可能存在潜在的不稳定效应，会导致金融危机的发生（Kaminsky and Reinhart，1999），尤其是新兴市场经济体（Weller，2001）。贝卡尔特等（Bekaert et al.，2002）提供的证据表明，向外国投资者开放股票市场会使股票回报更加波动，与世界市场回报的关联度也更高。阿雷斯蒂斯等（Arestis et al.，2002）使用 6 个发展中经济体的存贷款利率限制、准备金和流动性要求等金融限制数据，估计其对金融发展的影响，发现金融自由化政策对不同国家的影响有很大差别。马克（Marc，2018）以南部非洲发展共同体 8 个成员国 1980—2012 年的数据为基础，通过取消政府对利率等关键变量的干预来衡量金融自由化，使用银行对私营部门的信贷、银行存款和股票市值三种指标度量金融发展，结果显示金融自由化对金融发展的影响并不总是显著和正向的。

除金融自由化外，一些研究也开始探讨贸易自由化对金融发展的影响，发现鼓励对外贸易开放的政策往往会促进金融发展（Beck，2002）。布劳恩和拉达茨（Braun and Raddatz，2008）基于政治经济学的视角，认为金融发展的均衡水平由支持发展行业和反对发展行业的相对强弱决定，而贸易自由化有利于提升支持者的相对实力，从而促进了金融发展。

Rajan 和 Zingales（2003）认为基于单一自由化政策的研究结论可能会有偏误。基于 24 个工业化国家 1913—1999 年的数据，Rajan 和 Zingales（2003）发现贸易开放、金融开放和金融发展之间存在着重要的三变量关系：当一个经济体同时提升金融开放和贸易开放水平时，既得利益者会减弱其对金融发展的影响。巴尔塔吉等（Baltagi et al.，2009）使用发展中经济体和工业化的数据探究了金融开放与贸易开放的交互作用，发现二者自身对金融发展都有显著的正向影响，但是贸易（金融）开放的边际影响与金融（贸易）开放程度负相关，即相对封闭的经济体在贸易开放或金融开放中受益更多。Law（2009）基于发展中经济体样本的研究则得出来相反的结论：同时实施贸易开放政策和金融开放政策对金融发展有额外的正向效应，这可能是由于发展中经济体的金融发展主要由银行部门驱动。张等（Zhang et al，2015）使用我国省级数据探究这两类政策对金融发展的影响，发现开放对金融效率和金融竞争有显著正影响，对金融规模则有显著负影响。

2.2.2.3 自然和文化因素

虽然较少有研究探究自然因素对金融发展的直接影响，但自然因素可能通过影响制度、贸易或与其他因素相互作用，从而间接影响金融发展。

阿切莫格鲁等（Acemoglu et al.，2001）认为纬度可能是掠夺性制度产生的最初原因。热带地区的恶劣气候和环境不利于欧洲人定居，因此他们更可能在这些地方设立掠夺性制度和机构。伊斯特利和莱文（Easterly and Levine，2003）也认为热带、细菌和热带作物的自然禀赋组合对制度的形成有影响。弗兰克和罗默（Frankel and Romer，1999）发现贸易受到距离、国家大小和其他地理变量的影响，从而通过需求侧影响不同经济体的金融发展。类似的，黄（Huang，2005）发现特定农产品的生产和自然资源的开发通过影响对外部融资的需求作用到影响金融发展。巴塔查里亚和霍德勒（Bhattacharyya and Hodler，2014）认为在政治制度薄弱的情况下，自然资源收入可能会使合同执行情况恶化，进而导致金融发展不足，但政治制度相对较好的国家的金融发展不会受到影响，并利用1970年至2005年间133个国家样本的数据为这一论断提供了实证证据。

类似于自然因素，文化因素在构建社会体系和制度中发挥着重要作用，因此也可能间接影响金融发展。斯图尔茨和威廉姆森（Stulz and Williamson，2003）总结已有文献指出，文化至少可以通过三个渠道对金融发展产生影响：（1）在一个国家占主导地位的价值观、偏好和信仰取决于其文化，例如不同的文化对于收取利息、债权人和股东的权利有不同的看法；（2）文化价值观会影响法律制度；（3）文化还会影响一个经济体中资源的配置方式。Stulz 和Williamson（2003）进一步强调文化对金融发展的作用受到国际贸易的影响。贸易开放度更大的国家会注重贸易伙伴的权利，也会受到贸易伙伴文化的影响。此外，由于国际贸易竞争，国内企业也会要求改变原有制度以提升其在国际贸易中的影响力。赫格特等（Herger et al.，2008）使用工具变量法，发现文化信仰对金融发展有显著影响。

2.2.3 其他因素

除上述几类主要因素外，也有部分研究探究了经济增长、收入水平、社会信任和金融知识等因素对金融发展的影响。

格林伍德和约瓦诺维奇（Greenwood and Jovanovic，1990）、圣保罗（Saint - Paul，1992）的研究表明，随着经济的增长，激烈的竞争使金融中介的成本降低，于是更大规模的资金被用于生产性投资。Levine（1997）论述了收入水平对金融发展的重要性。贾菲和列沃尼安（Jaffee and Levonian，2001）使用 23 个转型期经济体银行业发展的数据，发现人均 GDP 水平和储蓄率对于以资产、数量、分支机构和员工衡量的银行体系结构有正向影响。

社会信任在金融发展尤其是普惠金融发展中发挥着重要作用。徐（Xu，2020）基于 148 个国家的跨国数据研究发现，社会信任是金融普惠的重要贡献因素。当社会信任度高时，储蓄和借贷等银行服务的使用就会增加。社会信任也鼓励投资者在信息不完全的情况下参与金融市场。

2.3　区域经济合作理论

由于经济全球化进程遭受到一定的挫折，区域经济合作得到越来越多的重视。其重要性可以体现在四个方面：（1）目前全球化进程的特点是开放的区域主义所产生的日益增长的联系；（2）在一个缺乏充分发展的国际金融架构的环境中，区域合作可以对已有全球合作机制进行补充；（3）区域合作在向中小国家提供服务方面通过竞争以降低服务成本；（4）区域合作可以成为更好地表达小国声音的渠道。具体而言，当前的区域经济合作可以分为宏观经济与贸易合作以及发展融资合作。

2.3.1　宏观经济与贸易合作

发展中经济体在宏观经济与贸易合作领域发起了若干倡议。这些倡议与开放的区域主义进程所产生的区域贸易协定有所类似，并试图在某些方面复制欧洲货币一体化的经验。一些现有的制度安排以及新的主动行动彰显了发展中经济体这种合作形式的潜力，但也表现出一定的局限性。正如发展中经济体过去尝试复制欧洲贸易一体化所获得的喜忧参半结果，21 世纪以来，复制欧洲宏观经济合作的尝试也收获了类似的结果。此外，尽管在一些地区，特别是东亚，区域贸易一体化一直在迅速发展，但与欧洲相比，发展中经济体总体的区域贸易一体化进程受到的限制更大。榊原（Sakakibara，2003）指出，在发展中经济体特别是新兴经济体开展宏观经济合作还有两个理由：建立能够更好抵御金融危机的机制以及避免出口导向型经济之间的扭曲竞争。

当然，贸易与宏观经济合作之间的联系是欧盟形成的核心。这隐含着两个要求：一是以渐进和务实的方式建立强有力的制度，形成有效的约束；二是宏观经济合作需要服从于贸易一体化的目标。因此，宏观经济合作的主要目标一直是汇率稳定，这被视为区域内贸易创造公平竞争环境的唯一途径。特别是，实际汇率的稳定一直是宏观经济合作的隐含目标。

发展中经济体宏观经济合作通常分为不同的目标：政策对话和监督、危机期间的流动性支持以及汇率协调。第三个目标是欧元合作的核心，但对于广大发展中经济体的宏观经济合作而言，这个目标通常被搁置一边。因为除了少数货币联盟的成功经验外，针对第三个目标的尝试通常不太成功。最常见的倡议是以马斯特里赫特式趋同标准为基础进行宏观经济对话和协商的形式；但即使是东盟国家间的合作这个最好的例子，也没有演变成有效的监视程序。除非统一标准的采用和当局之间的对话演变为定期协商，并最终演变为有效的协调进程，否则合作的信誉和理由就有可能丧失。此外，对于发展中经济体来说，在统一的目标与受到冲击的经济体所需的政策灵活性之间取得平衡是一件困难的事情。

另外，自 2008 年国际金融危机以来，传统的全球多边贸易在许多地区已经放缓，而区域贸易一体化迅速在世界范围内普及。费恩斯特拉（Feenstra，1998）是最早使用商品贸易（以 GDP 的百分比衡量）作为描述全球贸易一体化程度的指标的学者之一。各国倾向于通过与具有地理优势或双边贸易量大的国家建立密切的贸易伙伴来减少空间壁垒，这反过来又促进了区域贸易一体化的更高水平并最终达成了区域贸易协定。区域竞争力和贸易成本也可能影响区域贸易一体化（Plummer et al.，2011；Bouët et al.，2017）。何等（He et al.，2021）分析了区域中使用最频繁的本币对于区域贸易一体化的作用，当人民币在区域中使用水平比较低的时候，与贸易有关的交易成本以及其他壁垒可能会很高；当人民币在区域中的使用超过一定的阈值时，就能够降低交易成本，使得区域内的所有国家受益。

大部分国家的外汇储备并不充足，只能在危机来临时维持本国金融稳定。但中国拥有较为充足的外汇储备，可以在国际金融危机中帮助其他政府渡过难关（Obstfeld et al.，2009；Obstfeld et al.，2010）。类似于美元货币互换网络，中国人民银行与多个国家签订了货币互换协议，但在缓解流动性紧缺、维持金融稳定方面，人民币地位尚不及美元、欧元这种国际化货币，外国央行难以直接使用人民币来缓解本国金融机构的短期流动性压力。因此，人民币互换协议更多的是促进两国的贸易和投资发展（张明，2012）。货币因素在推动双边贸易中有强大的作用，使用同一种货币可以成倍地扩大双边贸易规模（Helliwell，1996；Rose，2000；Rose and Engel，2010）。相较于美元，区域货币的使用可以更好地服务于区域经济发展和贸易一体化，提高本区域抵御国际资本冲击的能力（王芳等，2017；Goldberg and Tille，2008）。中国与其他国家签订的货币互换协议，可以直接用于与中国贸易的跨境结算。其好处在于：一方面便利了双边贸易，货币互换的额度可以直接用于购买对方国家的产品和服务，同时央行货币互换还锁定了外汇风险，两国的贸易伙伴可以用本国货币进行计价和结算，避免了使用第三方货币的额外费用和风险；另一方面，提高了本国商品和服务的吸引力，央行之间的货币合作降低了企业贸易的成本，增加了金融市场的稳定性，提升了收益，降低了风险，增强了本国商品和服务的竞争力，能更好地开拓对方的市场。

2.3.2 发展融资合作

发展融资中最发达的合作形式是多边开发银行。这种类型的区域合作显示了多样性的优点，特别是适应特定区域需求的能力。然而，在欧洲以外的地区，它们在支持提供区域公共产品方面进展缓慢。大多数这类机构都有一个非常强大的财务结构，在一定程度上与它们的优先债权人地位有关。只有少数几家机构在其历史上遇到过困难（非洲开发银行和中美洲经济一体化银行）。非洲开发银行的历史表明，在没有工业化国家支持的情况下，为最贫穷的国家建立有活力的发展融资机构是多么困难。阿拉伯机构面临着另一种问题：对现有资金的过度依赖降低了它们作为反周期工具的运作能力。

在一些区域进程中还有另外两种发展融资机制。向一个区域集团中较贫穷的成员国提供财政转移资金的做法只由欧洲联盟使用，它只在少数发展中经济体的一体化进程中尝试过，但没有成功。近年来，东亚在发展融资领域推出了第三种合作模式，重点是债券市场。这种新形式的合作旨在通过共同行动设计适当的金融基础设施，启动特定的债券基金，使之成为该地区央行的投资工具，深化地方和区域金融发展。

2.4 "一带一路"区域经济合作实践

想要探究"一带一路"对共建国家金融发展的影响，必须厘清"一带一路"的发展脉络。本节笔者首先梳理了"一带一路"倡议的背景、目标、内涵及重点，以对"一带一路"倡议有系统性的认知；其次，笔者通过整理"一带一路"地理意义的共建国家、六大走廊共建国家、与中国签订"一带一路"政府间合作文件的国家，对"一带一路"共建国家作出多层次的界定；最后，笔者系统地阐释了"一带一路"倡议下的贸易合作、投资合作和能源合作现状。

2.4.1 "一带一路"倡议

2.4.1.1 背景

2008 年国际金融危机极大地冲击了全球经济，危机的深层次影响不断涌现，全球经济形势和格局发生了重大变化。整体而言，世界经济复苏缓慢，增长缺乏新的动力，贫富差距不断扩大；分国家而言，各国面临严峻的经济增长问题，贸易争端此起彼伏，贸易保护主义抬头。一方面，传统上以美国、欧盟为首的发达经济体所主导的全球治理模式越来越不符合世界经济形势的发展，发展中经济体的利益诉求难以得到回复和满足，对全球治理模式提出了更高的要求。另一方面，发展中经济体间更加灵活的区域性合作机制盛行，在全球经济中发挥越来越重要的作用。这种新的合作平台和形势更加充分合理地维护和反映了各经济体利益，提供了一个平等对话和交流的平台，使参与其中的经济体在多领域成为深度合作的命运共同体，其中具有代表性的就是东盟、西非经济共同体等区域合作平台。

就国际大形势而言，一方面是经济全球化和产业融合的大趋势，另一方面是世界经济疲软、复苏缓慢的大背景。一国只靠自身发展难以走出经济泥泞，需要各国协商合作以探索全球经济发展的新平台和经济治理的新模式。就我国的国际定位而言，作为世界第二大经济体、第一大发展中经济体，中国有必要也有能力参与并引领全球经济治理的新模式。就我国的实际发展情况而言，为了顺应新时代社会主义市场经济发展的要求，我国正在全力推动全面深化改革，构建全面开放新格局。改革开放后，借助沿海开放、沿江沿边开放、内陆开放带来的巨大商机，我国经济经历了快速发展的 30 多年。然而受地理位置、经济基础设施等的限制，与东部沿海地区相比，西南、西北等内陆地区开放程度相对较低，经济发展仍有较大差距。在我国经济增速放缓的背景下，这种经济发展的结构不平衡有恶化的趋势。在这诸多背景的共同作用下，"一带一路"倡议引领我国对外开放的新格局，也着力推动共建国家共同合作，共享经济发展成果。经过进一步讨论和规划，中国各级机构逐步就"一带一路"建设达成共识。2015 年 3 月 28 日，在博鳌亚洲论坛上，经国务院委托授权，国家发展和改革委员会、外交部、商务部联合编写和发布了《推动共建丝绸之路经济带和 21 世纪海上丝绸之路的愿景与行动》（以下简称《愿景与行动》），系统性地阐述了"一带一路"倡议的时代背景、共建原则、框架思路、合作重点与机制、中国各地区的开放态势和已有政策措施。

更重要的是，这一倡议具有悠久的经济、商贸和人文传承。汉武帝时期，张骞两次出使西域，开辟了一条横贯东西、连接亚欧的陆上丝绸之路。同时期，一条从海上连接中国与亚欧地区的丝绸之路也逐步兴起。这两条丝绸之路成为古代中国与亚欧地区国家经济文化交流的重要通道。2000 多年来，商人在这两条由海路和陆路组成的大型交通网中自由地往来与贸易，促进了整个亚洲和欧洲地区的商品贸易与知识共享，有效地推动了东西方文明的交流与融合。

2.4.1.2 目标

我国提出"一带一路"倡议主要是出于新形势下经济合作和文化交流的考量，包括六个方面的目标。

一是削减贸易成本。中国作为当今世界最大的贸易国，迫切地渴望降低双边贸易成本，因此"一带一路"倡议中的一个重点就是设施联通，大力发展共建国家的基础设施。在已经获得资助的项目中，大多都报告了项目完成后可以降低的货币运输时间和成本，这毫无疑问将进一步提升中国与共建国家的贸易往来。更重要的是，这些成本的降低不仅有益于中国与共建国家的货物运输，同样有益于使用这些运输通道的其他国家，使得"一带一路"倡议具有显著的正向溢出效应。

二是帮助中国企业走向海外。中国正处于经济转型发展的关键时期，正试图将原来以基础设施投资驱动的经济增长变为以高科技和新兴产业驱动的经济增长。上一轮经济增长中，中国诞生了大量的建筑公司、设备制造商和其他企业，经济转型意味着这些企业不得不前往其他国家寻找发展机遇和商业机会。"一带一路"倡议在共建国家所援助的大量基础设施项目则提供了大量机遇。

三是助力人民币国际化。受制于美元在国际货币体系的主导地位，中国累积了大量的美元储备并被动承担美国超发货币所带来的通货膨胀压力。因此，2009年后，中国开始推动人民币国际化进程，以达到国际储备货币的地位。"一带一路"倡议中的基础设施建设的合作以及资金间的融通为人民币国际化提供了机遇，也得到其他发展中经济体的支持，例如俄罗斯向使用人民币作为贷款货币的项目提供了一定的资助。

四是保障能源合作。随着经济的高速发展，中国的能源消费量也在大量上升，中国已经成为全球最大的能源消费国，但当前中国的石油和天然气供应主要通过马六甲海峡和南海运输，来源单一。此外，中国主要的取暖和发电仍然依靠煤炭供给，这带来了大量的环境问题。因此，中国渴望借助"一带一路"倡议，通过中亚、俄罗斯的能源供给解决传统上能源供给单一的问题，保证能源安全和清洁能源的供应。

五是促进共建各国经济增长。作为一个出口大国，中国同样希望看到共建各国经济的快速增长，从而带来对中国商品和服务的大量需求。

六是激发历史活力。近年来，越来越多的学者指出，深厚的历史对于中国处理国际事务具有重要作用。"一带一路"建设可以发挥将现在的中国与古代中国联系起来的作用，重振陆上和海上丝绸之路的理念，为跨国甚至跨大陆的贸易往来和民众交往的历史注入活力。对共建国家的普通民众而言，丝绸之路是一个和平贸易的故事，是多元文化和谐交流的丰富历史。"一带一路"建立在这样一种历史叙述之上，使文化和经济上的联系减少了猜疑，促进了共同繁荣。

2.4.1.3 内涵

共建"一带一路"为世界经济增长开辟了新空间，为国际贸易和投资搭建了新平台，为完善全球经济治理拓展了新实践，为增进各国民生福祉作出了新贡献，成为共同的机遇之路、繁荣之路[①]。"一带一路"倡议是顺应世界多极化、经济全球化、文化多样化、社会信息化发展趋势的区域经济合作和一体

---

① 中华人民共和国国家发展和改革委员会，https：//www.ndrc.gov.cn/fggz/lywzjw/jwtz/202111/t20211130_1306384_ext.html.

化的新典范。"一带一路"倡议的深刻内涵主要体现在以下三个方面。

一是构建人类命运共同体。当今全球局势风起云涌,经济和政治不确定性日益增加,以贸易保护主义、单边主义为代表的逆全球化思潮此起彼伏,严重侵蚀了各国之间的政治互信基础,原有的经贸合作基础遭到破坏。经济全球化进程面临着日益严峻的新矛盾和新挑战。特别是长期以来,世界经济体系、全球贸易、投资等规则都由美国、欧盟等少数西方国家主导和推行,广大发展中经济体在全球经济体系中的话语权极小,缺乏平等发展的权利。美国、欧盟等发达经济体则进一步利用其对国际规则的把控、在国际事务中的话语权压榨发展中经济体,获取巨额利益,进一步削弱了发展中经济体在国际规则和事务中发声的权利。"一带一路"倡议则始终秉承人类命运共同体的理念,顺应了当今社会大发展大变革大调整的时代要求,充分体现了当今国际社会对全球经济秩序中霸权主义的反对,展现了广大发展中经济体对平等互惠的新型国际合作关系的强烈愿望。本着各经济体相互尊重、平等对话、竭诚相待、互利合作、共享共赢的原则,共建"一带一路"提供了一个全新的实践平台,通过经济体的优势互补和资源贡献,构建贯穿亚欧大陆乃至全球的新开放新格局,为广大发展中经济体提供更加平等的发展机会,充分挖掘共建国家的经济增长潜能,促使各国协同发展,为全球提供更多的优质公共品,增加全人类福利。

二是开辟国际合作新模式。"一带一路"倡议作为一个开放包容的区域性合作倡议,开辟了国际合作的新模式。它并不由中国自建和独享,而是秉承共商共建共享的原则,面向所有有意愿且认同"一带一路"倡议的国家。它打破了"发达经济体做高端、发展中经济体做低端"的分工模式,各方都可以平等参与其中,充分发挥各自的比较优势并享受最终的发展成果。更重要的是,"一带一路"倡议并不是推倒所有原有的合作框架,而是在坚持开放合作、互利共赢的基础上,与原有的多边和双边合作机制实现战略对接,如欧盟的中亚伙伴关系和俄罗斯的亚欧经济联盟等。

三是提供协同发展新动力。"一带一路"倡议绝非中国的地缘政治工具,而是一个开放性的平等互利合作平台。对于中国而言,经济经过长期高速发展后,面临劳动力和资源要素成本上升、产能过剩等诸多难题。无论是水泥、钢铁、煤炭、土木工程建筑等传统行业,还是光伏、风电等一批新能源产业,都出现产能过剩这一结构性失衡问题。但对于"一带一路"共建国家而言,它们大多还处于工业化初期,基础设施建设相对落后,工业基础发展相对不足,需要大量外部资金和技术的支持。"一带一路"建设则为二者协同发展提供了新动力。

2.4.1.4 重点

《愿景与行动》明确指出"一带一路"建设中的合作重点和主要内容是"五通"。

一是政策沟通。各国政府间的政策沟通是"一带一路"倡议得以实施的重要保障。各国应该强化交流、加强合作、积极构建政策沟通协调机制。保持长期且稳定的政策沟通，有利于各国政府充分了解各自的经济发展战略，从而在大型项目合作时提供政策支持，也有利于各国企业把握他国政策导向，从而根据自身的竞争优势和他国的需求，确立最优的投资策略，充分把握"一带一路"建设所创造的发展机遇。

二是设施联通。基础设施的互联互通是各国参与"一带一路"建设的重中之重，发挥着关键的先导作用。基础设施的互联互通主要包括三类：第一类是以道路、港口、口岸、机场等搭建起的交通设施网络；第二类是以输油、输气管道、输电通道等搭建起来的能源互通设施网络；第三类是以光缆、卫星等搭建起来的通信设施网络。这三类基础设施的互联互通不仅有助于支撑"一带一路"共建国家的经济发展，也为其他"四通"提供了强有力的设施支撑，有助于实现不同国家的货物、服务、资金、技术和信息的流转，有利于实现不同国家间经济要素的合理分配，从而最终实现互利共赢的目标。

三是贸易畅通。贸易畅通是各国参与"一带一路"建设的重点内容。通过着力于消除贸易和投资壁垒、推动共建各国间投资贸易便利化、打造良好的营商环境、协商建设自由贸易区，"一带一路"倡议激活了市场活力，在全球经济低迷以及贸易保护主义抬头等的背景下，为国际经贸合作带来新思路。

四是资金融通。资金融通是各国参与"一带一路"建设的关键支撑。"一带一路"共建国家的一个重要特征就是金融发展水平较差，产业发展缺乏资金。因此，可通过亚洲基础设施投资银行、金砖国家开发银行等国际多边金融机构建设，帮助共建国家实现经济增长，更要充分利用各类投融资模式和渠道，充分满足企业对"一带一路"共建国家投资和建设活动的资金需求。

五是民心相通。民心相通是各国参与"一带一路"建设的人文基础和社会根基。文化的交流是经济长久交流并深化的基石，应通过扩大双边留学生规模、旅游合作、科技合作、政党交流等方式，发挥和传承丝绸之路所蕴含的友好合作精神，为各国企业在他国进行生产经营活动提供人才和民意支持。

2.4.1.5　金融支持

"一带一路"建设也得到了强有力的金融支持。中国政府启动了总额400亿美元的丝绸之路基金，将直接支持"一带一路"建设。该基金于2014年12月注册成立，由中国投资有限责任公司（我国的主权财富基金）、国家开发银行、中国进出口银行和国家外汇管理局支持。这笔资金将用于改善"一带一路"共建区域的互联互通，为基础设施资源、工业和金融合作项目提供融资，最初可能将重点放在中亚和东南亚地区国家。运输基础设施，如铁路、公路、港口和机场，将是丝绸之路基金关注的重点。

由中国牵头并于2014年10月开始筹建的亚洲基础设施投资银行（AIIB，亚投行）也旨在为"一带一路"建设提供资金。亚洲基础设施投资银行的目标是将中国在基础设施建设方面的核心竞争力与深厚的金融资源结合起来，帮助亚洲其他地区的发展。中国将提供拟议的1 000亿美元初始资本中的大部分，同时积极寻求其他区域内国家政府的参与。除中国外，亚洲基础设施投资银行最初组建时还有区域内其他20个国家一同签署《筹建亚投行备忘录》，并与亚洲开发银行等其他资金来源合作，共同为亚洲地区的基础设施建设提供资金支持。此后，越来越多的经济体表达出对加入亚洲基础设施投资银行的兴趣。截至2024年3月18日，已有47个区域内（亚洲和大洋洲）经济体和48个区域外经济体加入亚洲基础设施投资银行。亚洲基础设施投资银行成员名单、加入时间、出资额及出资占比数据详见表2.1和表2.2。

表 2.1　亚洲基础设施投资银行区域内成员

成员	加入时间	出资额/百万美元	出资占比/%
澳大利亚	2015年12月25日	3 691.2	3.8043
文莱	2015年12月25日	52.4	0.0540
中国	2015年12月25日	29 780.4	30.6928
格鲁吉亚	2015年12月25日	53.9	0.0556
约旦	2015年12月25日	119.2	0.1229
韩国	2015年12月25日	3 738.7	3.8532
蒙古	2015年12月25日	41.1	0.0424
缅甸	2015年12月25日	264.5	0.2726
新西兰	2015年12月25日	461.5	0.4756

续表

成员	加入时间	出资额/百万美元	出资占比/%
巴基斯坦	2015 年 12 月 25 日	1 034.1	1.0658
新加坡	2015 年 12 月 25 日	250.0	0.2577
俄罗斯	2015 年 12 月 28 日	6 536.2	6.7365
马尔代夫	2016 年 1 月 4 日	7.2	0.0074
印度	2016 年 1 月 11 日	8 367.3	8.6237
尼泊尔	2016 年 1 月 13 日	80.9	0.0834
印度尼西亚	2016 年 1 月 14 日	3 360.7	3.4637
以色列	2016 年 1 月 15 日	749.9	0.7729
老挝	2016 年 1 月 15 日	43.0	0.0443
土耳其	2016 年 1 月 15 日	2 609.9	2.6899
阿联酋	2016 年 1 月 15 日	1 185.7	1.2220
塔吉克斯坦	2016 年 1 月 16 日	30.9	0.0318
沙特阿拉伯	2016 年 2 月 19 日	2 544.6	2.6226
孟加拉国	2016 年 3 月 22 日	660.5	0.6807
吉尔吉斯斯坦	2016 年 4 月 11 日	26.8	0.0276
越南	2016 年 4 月 11 日	663.3	0.6836
哈萨克斯坦	2016 年 4 月 18 日	729.3	0.7516
柬埔寨	2016 年 5 月 17 日	62.3	0.0642
泰国	2016 年 6 月 20 日	1 427.5	1.4712
阿曼	2016 年 6 月 21 日	259.2	0.2671
斯里兰卡	2016 年 6 月 22 日	269.0	0.2772
阿塞拜疆	2016 年 6 月 24 日	254.1	0.2619
卡塔尔	2016 年 6 月 24 日	604.4	0.6229
乌兹别克斯坦	2016 年 11 月 30 日	219.8	0.2265
菲律宾	2016 年 12 月 28 日	979.1	1.0091
伊朗	2017 年 1 月 16 日	1 580.8	1.6292
马来西亚	2017 年 3 月 27 日	109.5	0.1129
中国香港	2017 年 6 月 7 日	765.1	0.7885
阿富汗	2017 年 10 月 13 日	86.6	0.0893
东帝汶	2017 年 11 月 22 日	16.0	0.0165
斐济	2017 年 12 月 11 日	12.5	0.0129
瓦努阿图	2018 年 3 月 6 日	0.5	0.0005

续表

成员	加入时间	出资额/百万美元	出资占比/%
萨摩亚	2018 年 4 月 3 日	2.1	0.0022
塞浦路斯	2018 年 6 月 25 日	20.0	0.0206
巴林	2018 年 8 月 24 日	103.6	0.1068
库克群岛	2020 年 6 月 1 日	0.5	0.0005
汤加	2021 年 1 月 5 日	1.2	0.0012
伊拉克	2022 年 8 月 4 日	25.0	0.0258

资料来源：亚洲基础设施投资银行官网。

表 2.2 亚洲基础设施投资银行区域外成员

成员	加入时间	出资额/百万美元	出资占比/%
奥地利	2015 年 12 月 25 日	500.8	0.5161
德国	2015 年 12 月 25 日	4 484.2	4.6216
卢森堡	2015 年 12 月 25 日	69.7	0.0718
荷兰	2015 年 12 月 25 日	1 031.3	1.0629
挪威	2015 年 12 月 25 日	550.6	0.5675
英国	2015 年 12 月 25 日	3 054.7	3.1483
芬兰	2016 年 1 月 7 日	310.3	0.3198
马耳他	2016 年 1 月 7 日	13.6	0.0140
丹麦	2016 年 1 月 15 日	369.5	0.3808
冰岛	2016 年 3 月 4 日	17.6	0.0181
瑞士	2016 年 4 月 25 日	706.4	0.7280
波兰	2016 年 6 月 15 日	831.8	0.8573
法国	2016 年 6 月 16 日	3 375.6	3.4790
瑞典	2016 年 6 月 23 日	630.0	0.6493
意大利	2016 年 7 月 13 日	2 571.8	2.6506
埃及	2016 年 8 月 4 日	650.5	0.6704
葡萄牙	2017 年 2 月 8 日	65.0	0.0670
埃塞俄比亚	2017 年 5 月 13 日	45.8	0.0472
匈牙利	2017 年 6 月 16 日	100.0	0.1031
爱尔兰	2017 年 10 月 23 日	131.3	0.1353
西班牙	2017 年 12 月 15 日	1 761.5	1.8155
加拿大	2018 年 3 月 19 日	995.4	1.0259

续表

成员	加入时间	出资额/百万美元	出资占比/%
马达加斯加	2018 年 6 月 25 日	5.0	0.0052
苏丹	2018 年 9 月 13 日	59.0	0.0608
罗马尼亚	2018 年 12 月 28 日	153.0	0.1577
白俄罗斯	2019 年 1 月 17 日	64.1	0.0661
比利时	2019 年 7 月 10 日	284.6	0.2933
几内亚	2019 年 7 月 12 日	5.0	0.0052
塞尔维亚	2019 年 8 月 15 日	5.0	0.0052
希腊	2019 年 8 月 20 日	10.0	0.0103
厄瓜多尔	2019 年 11 月 1 日	5.0	0.0052
阿尔及利亚	2019 年 12 月 27 日	5.0	0.0052
加纳	2020 年 2 月 21 日	5.0	0.0052
科特迪瓦	2020 年 2 月 26 日	5.0	0.0052
卢旺达	2020 年 4 月 16 日	5.0	0.0052
乌拉圭	2020 年 4 月 28 日	5.0	0.0052
贝宁	2020 年 5 月 27 日	5.0	0.0052
巴西	2020 年 11 月 2 日	5.0	0.0052
智利	2021 年 1 月 2 日	10.0	0.0103
利比里亚	2021 年 1 月 4 日	5.0	0.0052
阿根廷	2021 年 3 月 30 日	5.0	0.0052
克罗地亚	2021 年 12 月 17 日	5.0	0.0052
秘鲁	2022 年 1 月 14 日	154.6	0.1593
突尼斯	2022 年 4 月 29 日	5.0	0.0052
摩洛哥	2022 年 5 月 4 日	5.0	0.0052
利比亚	2023 年 9 月 12 日	52.6	0.0542
南非	2023 年 11 月 24 日	5.0	0.0052
多哥	2023 年 12 月 19 日	5.0	0.0052

资料来源：亚洲基础设施投资银行官网。

"一带一路"建设的基础设施支出涉及多个领域。国家开发银行承诺投资900多个项目，包括煤炭和天然气、采矿、电力电信、基础设施和农业等项目，涉及60多个国家。这有助于缩小亚洲基础设施支出供求关系中8 000亿美元的缺口，同时有助于抵消中国国内投资下降和产能过剩的影响（Haggai，

2016）。在国内，"一带一路"的公路项目将促进欠发达中西部地区的增长，如新疆、甘肃、宁夏、广西和云南，一方面可以增加国内生产总值，助力经济增长，另一方面也可以缩小地区经济不平等差距，从而缓解中西部经济落后省份的增长压力。

2.4.1.6 机遇和挑战

"一带一路"对中国以及其他发展中经济体和转型国家都有好处，可以成为"南南合作"的又一个里程碑。近年来，随着金砖国家新开发银行、亚洲基础设施投资银行等机构的组建和运营，"南南合作"不断发展。"一带一路"还将使许多发展中经济体能够参与全球生产网络和供应链，其真正成功需要各国在多个领域加强协调，这可以通过"一带一路"共建国家间的区域伙伴关系协议加以促进。

然而，"一带一路"建设也面临多种多样的挑战，主要包括以下六个方面。

第一，"一带一路"倡议由中国提出，是一个开放的包容性区域合作倡议，有必要与共建国家就项目发展和实施战略等问题进行磋商。我国政府需要与其他国家政府进行磋商和交流，消除障碍和误解，帮助共建国家更好地理解为什么"一带一路"倡议有利于双方经济发展且能够提供更多的就业机会。此外，尽管我国坚持"一带一路"是开放的，各国可以共同开发和实施，但现实可能有所差异。我国正在独立完成很多工作，这增加了我国的运营难度，也可能引发共建国家非经济方面的担忧。因此，我国有必要鼓励其他国家成为"一带一路"倡议的合作伙伴，通过共同开发来争取更好的合作和更多的投资。这不仅可以确保它们对基础设施建设和运营的经济参与，也可以减少道德风险问题。

第二，经济机会的分配可能不均衡。除了东南亚和部分中东欧国家，许多"一带一路"共建国家在制造业方面相当落后，尚没有充分融入全球贸易体系。因此，如何在"一带一路"建设中为这些国家构建一个公平的竞争环境仍然是一项严峻的经济挑战。

第三，由于许多"一带一路"共建国家的基础设施项目回报率较低，还有潜在的政治风险和恐怖主义侵扰，这类项目可能无法吸引所需的投资。即使有来自国有企业和其他国家机构的遵循长期投资战略的投资，但如果没有民间资本和国际投资者的参与，这些项目的可持续性仍可能会受到质疑。因此，地区稳定以及共建各国对项目的支持就显得更加重要。

第四,"一带一路"倡议可能与其他新兴国家启动的互联互通项目有所竞争。例如,印度有连接中亚、欧洲、西亚和非洲的计划,包括海上基础设施等(Sachdeva,2016)。2016 年 5 月,印度与伊朗就开发恰巴哈尔港达成协议,该港口将成为印度与西亚和中亚进行贸易往来及商业交流的重要渠道。将伊朗的恰巴哈尔港作为中转枢纽的贸易路线不途经巴基斯坦的陆路,成为替代巴基斯坦瓜达尔港的另一个选择,而瓜达尔港是中巴经济走廊建设中的一个组成部分。在没有可行的替代方案的情况下,恰巴哈尔港项目将成为印度和阿富汗的运输管道。恰巴哈尔港项目是印度提出的一个独立于"一带一路"倡议的互联互通项目的范例。中国和印度都在寻求与不同伙伴国家建设互联互通项目,但如何将这些项目与"一带一路"联系起来,需要两国之间更好的政策协调和信任。

第五,区域一体化项目与"一带一路"的对接可能并不顺利,因为这不一定会吸引这些区域内的所有成员。以孟中印缅经济走廊为例,由于印度与东南亚的连接将在一定程度上依赖于孟中印缅经济走廊,将该经济走廊与"一带一路"捆绑在一起可能会进一步减缓其进展。

第六,各国之间的文化差异可能对"一带一路"倡议的执行和运作构成某些额外的挑战。为了避免负面影响,我国投资者需要解决在投资和采购方面的透明度问题,尤其是在那些国家治理水平较弱的国家。

2.4.2 共建国家样本

2.4.2.1 地理意义的共建国家

根据实际合作的需要和古代陆地与海洋丝绸之路的走向,《愿景与行动》的框架思路中提到"一带一路"所涉及的五条合作走向。其中"丝绸之路经济带"有三条合作走向:由中国西北、东北地区经过中亚国家和俄罗斯到达欧洲、波罗的海,由中国西北地区经过中亚、西亚国家到达波斯湾、地中海,由中国西南地区经过中南半岛到达印度洋。"21 世纪海上丝绸之路"有两条合作走向:由中国沿海港口城市经过南海到达印度洋,并延伸至欧洲国家;由中国沿海港口城市经过南海,延伸至南太平洋国家。这五条路线发挥了串联起东南亚、南亚、中亚、西亚、北非、欧洲等地区各经济体的市场链条和推动经济合作的重要作用。根据这一框架思路,除中国外共有 65 个国家在地理位置上位于"一带一路"沿线,其地区分布如表2.3所示。

表2.3 "一带一路"地理位置上国家的地区分布

地区	共建国家	国家数量
东亚	蒙古国 中国	2
东南亚	新加坡 马来西亚 印度尼西亚 泰国 越南 菲律宾 缅甸 柬埔寨 文莱 老挝 东帝汶	11
南亚	印度 巴基斯坦 孟加拉国 斯里兰卡 尼泊尔 阿富汗 马尔代夫 不丹	8
中亚	哈萨克斯坦 吉尔吉斯斯坦 塔吉克斯坦 乌兹别克斯坦 土库曼斯坦	5
西亚北非	伊朗 伊拉克 土耳其 叙利亚 约旦 黎巴嫩 以色列 巴勒斯坦 沙特阿拉伯 也门 阿曼 阿拉伯联合酋长国 卡塔尔 科威特 巴林 埃及 格鲁吉亚 亚美尼亚 阿塞拜疆	19
中东欧	俄罗斯 白俄罗斯 乌克兰 摩尔多瓦 波兰 立陶宛 爱沙尼亚 拉脱维亚 捷克 斯洛伐克 匈牙利 斯洛文尼亚 克罗地亚 波黑 黑山 塞尔维亚 阿尔巴尼亚 罗马尼亚 保加利亚 北马其顿 塞浦路斯	21

资料来源:中国一带一路网,数据截至2023年。

2.4.2.2 六大走廊共建国家

在这五大合作走向的基础上,中国又进一步提出了六大经济走廊。在"丝绸之路经济带"上,依托国际运输通道和"一带一路"核心城市,以重点经济产业园为合作平台,重点建设新亚欧大陆桥,并发展中蒙俄、中国—中亚—西亚、中国—中南半岛等经济走廊。在"21世纪海上丝绸之路"上,着力打造畅通、安全、高效的运输通道,连接"一带一路"沿线主要港口。中巴经济走廊、孟中印缅经济走廊是"一带一路"建设的重要通道,需要更为紧密的合作。在这一合作框架下,参与国家可以加强区域基础设施建设,构建安全高效的陆海空通道网络,提升互联互通水平,进一步促进贸易和投资,构建高标准自由贸易区网络,保持更加紧密的经济联系,深化政治互信,加强文化交流。"一带一路"六大走廊共建国家如表2.4所示,这些国家是"一带一路"建设中的重点对象。

表2.4 "一带一路"六大走廊共建国家

走廊	共建国家
新亚欧大陆桥	中国、哈萨克斯坦、俄罗斯、白俄罗斯、波兰、捷克和荷兰
中蒙俄经济走廊	中国、蒙古国和俄罗斯(高速铁路和公路连接;这条线路已对货运列车开放)

走廊	共建国家
中国—中亚—西亚经济走廊	中国，中亚地区（哈萨克斯坦、吉尔吉斯斯坦、塔吉克斯坦、乌兹别克斯坦和土库曼斯坦）和西亚地区
中国—中南半岛经济走廊	中国，中南半岛五国（柬埔寨、老挝、缅甸、泰国、越南），新加坡
中巴经济走廊	中国和巴基斯坦
孟中印缅经济走廊	孟加拉国、中国、印度和缅甸

资料来源：中国一带一路网，数据截至 2023 年。

新亚欧大陆桥是一条国际化的交通干线，又名第二亚欧大陆桥。它贯穿亚欧腹地，东端为我国江苏省连云港市，西端为荷兰鹿特丹港，全长 10 000 多千米，辐射 30 多个国家和地区，连接起太平洋与大西洋，是"一带一路"的重要载体。新亚欧大陆桥沿线地区具有极强的经济互补性，发挥了将不同地区的资金、技术、劳动力、矿产资源以及市场结合在一起的重要作用，促进了沿线所经过国家和地区经济的繁荣与发展。

中蒙俄经济走廊横跨东北亚地区，包含两大线路：华北线路由我国京津冀出发，途经呼和浩特，最终到蒙古国和俄罗斯；东北线路则从我国辽宁省大连市出发，经沈阳、长春、哈尔滨，行至蒙古国和俄罗斯。该经济走廊的关键是将"丝绸之路经济带"与蒙古的"草原之路"、俄罗斯的跨亚欧大铁路进行对接，从而有效提升三国交通、能源管道等诸多基础设施的互联互通，并进一步带动其他领域的深度合作。2016 年，三国共同签订了《建设中蒙俄经济走廊规划纲要》《中华人民共和国海关总署、蒙古海关与税务总局和俄罗斯联邦海关署关于特定商品海关监管结果互认的协定》，标志着中蒙俄经济走廊的合作走上了新的台阶。

中国—中亚—西亚经济走廊东端为我国新疆维吾尔自治区，经由中亚五国和伊朗、土耳其等西亚国家，最终抵达阿拉伯半岛。该经济走廊辐射范围广，途经中亚、西亚的 17 个国家，涉及多条铁路线，具有线路灵活的特点，是"丝绸之路经济带"的重要组成部分。共建国家基础设施相对落后，缺乏发展资金，使得该经济走廊经济平均发展水平落后于其他经济走廊沿线国家，但该地区资源丰富，发展潜力巨大，经济走廊的开通正好有助于释放经济发展潜力。

中国—中南半岛经济走廊是深化中国与东盟国家合作的重要通道。该经济走廊以我国广西南宁和云南昆明为起点，途经柬埔寨、越南、老挝、泰国、缅甸等中南半岛国家，最终到达新加坡。近年来，中国与共建国家的经贸合作日益紧密，双边贸易与投资表现出加速增长趋势，该经济走廊的重要性日益凸显。

中巴经济走廊是"一带一路"建设的重点和旗舰项目。其起点位于我国新疆维吾尔自治区喀什，终点为巴基斯坦瓜达尔港。走廊全长 3 000 千米，是串联"一带一路"的关键枢纽，其向北接壤"丝绸之路经济带"，向南连接"21 世纪海上丝绸之路"。该经济走廊涵盖了交通、通信和能源三大类基础设施建设，还带动了沿线多个领域的合作。

孟中印缅经济走廊是时任总理李克强 2013 年 5 月访问印度时提出的，得到孟加拉国、印度、缅甸三国政府首脑的积极回应。该经济走廊以交通运输通道为发展主轴，串联起我国昆明、瑞丽，缅甸首都仰光、皎漂港、曼德勒，孟加拉国首都达卡、吉大港，印度加尔各答等多个陆上节点和海上节点，对于推动沿线四国的经贸发展、深化经贸合作往来具有重要意义。

2.4.2.3 签订"一带一路"政府间合作文件国家

随着"一带一路"倡议的发展，地理位置上不属于"一带一路"沿线的国家和国际组织也加入了共商共建共享该倡议的大家庭。根据中国一带一路网官方数据，截至 2023 年 6 月，中国已经与 152 个国家、32 个国际组织签署了 200 余份"一带一路"合作文件。

表 2.5 报告了截至 2023 年 6 月与中国签订"一带一路"政府间合作文件国家的时间分布。就签订"一带一路"政府间合作文件的趋势来看，"一带一路"经历了初始提出，到小范围合作，到沿线扩展，再到全球扩展的发展历程，目前已经发展成为全球范围内初具规模的合作体系。2018 年是中国与其他经济体签订"一带一路"政府间合作文件最多的年份，这主要是因为在 2018 年 9 月 3 日到 9 月 4 日期间，中非合作论坛召开，中国政府与 28 个非洲国家签订了"一带一路"政府间合作文件。加上以前签订的非洲国家，截至 2018 年 9 月 6 日，共有 37 个非洲国家以及非洲联盟与中国签署了"一带一路"政府间合作文件。作为一项由在西方国家外的发展中经济体提出、主要面向发展中经济体、在发起之初受到很多质疑和排斥的国际合作倡议，"一带一路"倡议能取得如今的成绩实属不易。

表 2.5　签订"一带一路"政府间合作文件国家的时间分布

签订年份	国家	国家数量
2014	斯里兰卡　科威特　卡塔尔　哈萨克斯坦　塔吉克斯坦　白俄罗斯　摩尔多瓦	7
2015	南非　韩国　土耳其　伊拉克　阿塞拜疆　格鲁吉亚　亚美尼亚　吉尔吉斯斯坦　乌兹别克斯坦　俄罗斯　波兰　塞尔维亚　捷克　保加利亚　斯洛伐克　匈牙利　北马其顿　罗马尼亚	18
2016	埃及　柬埔寨　老挝　孟加拉国　沙特阿拉伯　伊朗　阿富汗　拉脱维亚	8
2017	苏丹　摩洛哥　马达加斯加　蒙古国　新加坡　东帝汶　马来西亚　缅甸　越南　文莱　巴基斯坦　尼泊尔　马尔代夫　黎巴嫩　泰国　阿尔巴尼亚　克罗地亚　波黑　黑山　爱沙尼亚　立陶宛　斯洛文尼亚　乌克兰　新西兰　巴拿马	25
2018	塞内加尔　塞拉利昂　科特迪瓦　索马里　喀麦隆　南苏丹　塞舌尔　几内亚　加纳　赞比亚　莫桑比克　加蓬　纳米比亚　毛里塔尼亚　安哥拉　吉布提　埃塞俄比亚　肯尼亚　尼日利亚　乍得　刚果（布）　津巴布韦　阿尔及利亚　坦桑尼亚　布隆迪　佛得角　乌干达　冈比亚　多哥　卢旺达　突尼斯　利比亚　阿联酋　阿曼　巴林　印度尼西亚　菲律宾　奥地利　希腊　马耳他　葡萄牙　巴布亚新几内亚　萨摩亚　纽埃　斐济　密克罗尼西亚联邦　库克群岛　汤加　瓦努阿图　智利　圭亚那　玻利维亚　乌拉圭　委内瑞拉　苏里南　厄瓜多尔　哥斯达黎加　萨尔瓦多　多米尼加　特立尼达和多巴哥　安提瓜和巴布达　多米尼克　格林纳达　古巴	64
2019	赤道几内亚　利比里亚　莱索托　科摩罗　贝宁　马里　尼日尔　也门　塞浦路斯　意大利　卢森堡　所罗门群岛　秘鲁　巴巴多斯　牙买加	15
2020	基里巴斯	1
2021	刚果（金）　博茨瓦纳　中非　几内亚比绍　厄立特里亚　布基纳法索　圣多美和普林西比	7
2022	阿根廷　叙利亚　巴勒斯坦　马拉维　尼加拉瓜	5
2023	土库曼斯坦　洪都拉斯	2
合计		152

资料来源：中国一带一路网。

　　表 2.6 报告了截至 2023 年 6 月与中国政府签订"一带一路"政府间合作文件的国家的地区分布。可以看出，随着"一带一路"倡议的深入推进，其范围早已超出表 2.3 中界定的国家，覆盖到非洲、北美洲、南美洲以及大洋洲

的众多国家。

表2.6 签订"一带一路"政府间合作文件的国家的地区分布

地区	国家	国家数量
亚洲	韩国 蒙古国 新加坡 东帝汶 马来西亚 缅甸 柬埔寨 越南 老挝 文莱 巴基斯坦 斯里兰卡 孟加拉国 尼泊尔 马尔代夫 阿联酋 科威特 土耳其 卡塔尔 阿曼 黎巴嫩 沙特阿拉伯 巴林 伊朗 伊拉克 阿富汗 阿塞拜疆 格鲁吉亚 亚美尼亚 哈萨克斯坦 吉尔吉斯斯坦 塔吉克斯坦 乌兹别克斯坦 泰国 印度尼西亚 菲律宾 也门 巴勒斯坦 土库曼斯坦	39
欧洲	塞浦路斯 俄罗斯 奥地利 希腊 波兰 塞尔维亚 捷克 保加利亚 斯洛伐克 阿尔巴尼亚 克罗地亚 波黑 黑山 爱沙尼亚 立陶宛 斯洛文尼亚 匈牙利 北马其顿 罗马尼亚 拉脱维亚 乌克兰 白俄罗斯 摩尔多瓦 马耳他 葡萄牙 意大利 卢森堡	27
非洲	苏丹 南非 塞内加尔 塞拉利昂 科特迪瓦 索马里 喀麦隆 南苏丹 塞舌尔 几内亚 加纳 赞比亚 莫桑比克 加蓬 纳米比亚 毛里塔尼亚 安哥拉 吉布提 埃塞俄比亚 肯尼亚 尼日利亚 乍得 刚果(布) 津巴布韦 阿尔及利亚 坦桑尼亚 布隆迪 佛得角 乌干达 冈比亚 多哥 卢旺达 摩洛哥 马达加斯加 突尼斯 利比亚 埃及 赤道几内亚 利比里亚 莱索托 科摩罗 贝宁 马里 尼日尔 刚果(金) 博茨瓦纳 中非 几内亚比绍 厄立特里亚 布基纳法索 圣多美和普林西比 马拉维	52
大洋洲	新西兰 巴布亚新几内亚 萨摩亚 纽埃 斐济 密克罗尼西亚联邦 库克群岛 汤加 瓦努阿图 所罗门群岛 基里巴斯	11
北美洲	哥斯达黎加 巴拿马 萨尔瓦多 多米尼加 特立尼达和多巴哥 安提瓜和巴布达 多米尼克 格林纳达 巴巴多斯 古巴 牙买加 尼加拉瓜 洪都拉斯	13
南美洲	智利 圭亚那 玻利维亚 乌拉圭 委内瑞拉 苏里南 厄瓜多尔 秘鲁 阿根廷 叙利亚	10
合计		152

资料来源：中国一带一路网。

2.4.3 "一带一路"倡议下的合作现状

从2013年至2023年，"一带一路"倡议提出已有十年。这十年来，"一带一路"建设稳步推进，内涵不断丰富，共建国家间的经贸合作不断深化，已有150多个国家和30多个国际组织加入共建"一带一路"大家庭。中国在"一带一路"倡议的框架下与沿线各区域组织的战略积极对接，如亚洲太平洋经济合作组织的《亚太经合组织互联互通蓝图（2015—2025）》、东南亚国家联盟的《东盟经济共同体 2025 蓝图》、非洲联盟的《2063 年议程》、大湄公河次区域经济合作的《GMS 经济合作新十年（2011—2022 年）战略框架》，探讨构建合作的正式平台和长效机制，实现双边利益的深入融合。2023 年 10 月举行的第三届"一带一路"国际合作高峰论坛，标志着共建"一带一路"进入高质量发展的新阶段。总体而言，共建"一带一路"大幅提升了我国与"一带一路"共建国家的贸易合作和投资合作水平，夯实了经贸合作基础，助力共建国家的金融发展和经济增长。

"一带一路"倡议有效地削减了中国与共建国家的贸易壁垒，提升了自由化和便利化水平，推动了中国与共建国家的双边贸易发展。统计数据显示，2019 年，我国对"一带一路"共建国家的出口额为 5.26 万亿元，进口额为 4.01 万亿元，进出口总额为 9.27 万亿元，相较于 2018 年增长了 10.8%，比我国全部进出口总额的增速高 7.4 个百分点，占我国进出口贸易总额的 29.38%。2020 年，受新冠疫情的影响，我国与"一带一路"共建国家双边贸易的增速和占比均有所下降，对"一带一路"共建国家的出口额为 5.43 万亿元，进口额为 3.94 万亿元，进出口总额为 9.37 万亿元，相较于 2019 年增长了 1.0%，比我国全部进出口总额的增速低 0.9 个百分点，占我国进出口贸易总额的 29.14%。2013 年至 2023 年 10 月，中国与共建国家进出口总额累计超 21 万亿美元，对共建国家直接投资累计超 2 700 亿美元。

此外，"一带一路"下的能源合作是重点合作实践。在构建合作网络方面，"一带一路"倡议有几个合作的优先事项，其中之一是能源设施的连接，包括在传统石油和天然气部门以及清洁能源方面的合作。2015 年 3 月发布的《愿景与行动》明确提出要促进能源基础设施互联互通方面的合作和协调，确保油气管道和其他运输路线的安全，建设跨境供电网络和输电线路，并合作升级改造区域电网。

"一带一路"下的能源合作是确保中国能源安全的一种手段。中国的石油和天然气供应主要通过马六甲海峡和南海运输。"一带一路"将缓解中国对马六甲海峡的依赖。21 世纪初，通过马六甲海峡运输的商品和能源分别占中国国际贸易的 60% 以上和中国能源资源的 90%（Jiang and Marro，2015）。这一大宗商品来自一个地缘政治不稳定的地区，加深了中国对于能源安全的担忧。因此，"一带一路"倡议下陆海一体的油气分布网络在很大程度上可以改变中东、中亚和南洋的能源贸易格局,从而提高中国的能源运输安全性。

一个很好的例子是中国与巴基斯坦瓜达尔的能源合作。瓜达尔是霍尔木兹海峡外的一个港口城市。根据2015年4月签署的中巴经济走廊计划协议,一系列总价值460亿美元的投资协议,包括瓜达尔港、公路项目、铁路项目和管道项目,用于发展能源基础设施。与通过马六甲海峡相比,通过瓜达尔运输石油预计将减少85%的运输时间。2015年11月,中国海外港口控股有限公司开始为期43年的租赁,在巴基斯坦瓜达尔港运营自由贸易区。

"一带一路"共建国家的能源潜力如果得到释放,将有助于促进全球可持续增长。例如,陈等(Chen et al.,2019)的研究表明,"一带一路"共建地区每年的光伏发电潜力是2016年该地区需求的41.3倍,开发3.7%的潜力就可满足该地区2030年的全部预计需求。刘和浩(Liu and Hao,2018)发现了"一带一路"共建国家的碳排放、能源使用、工业增加值和人均GDP之间的长期双向因果关系,并表明中国与"一带一路"共建国家在增长和贸易方面具有巨大的合作潜力。Zhang等(2020)发现,从1995年到2015年,56个"一带一路"共建国家的节能潜力约为95.5亿吨石油当量。

更重要的是,在"一带一路"框架下进行能源合作有利于合作双方和第三方国家。以"一带一路"65个共建国家为例,可将它们分为三类国家。第一类由能源出口国组成,主要分布在东南亚、西亚、北非和中亚地区,如俄罗斯、蒙古国、哈萨克斯坦、沙特阿拉伯、伊朗和印度尼西亚。第二类包括能源进口国,主要分布在中欧、东欧和南亚,如印度、波兰和捷克共和国。第三类由管道沿线国家组成,主要是乌克兰和阿塞拜疆等独联体国家。一些国家可能同时扮演这三个角色,即能源出口国、进口国和过境国。例如,中国现在是最大的石油进口国、最大的能源生产国和最大的能源消费国。因此,中国发展"一带一路"的一个推动因素是应对其经济安全挑战,特别是能源安全方面的挑战。在过去10年中,中国与31个共建国家共同发起"一带一路"绿色发展伙伴关系倡议,与32个共建国家共同建立"一带一路"能源合作伙伴关系,发展能源项目的海外投资,如跨国管道(石油和天然气)、终端(液化天然气)和高压输电线。实际上,能源安全也是大多数"一带一路"共建国家共同关注的问题。具体而言,三类国家对能源安全的理解有一定差异(Xu and Chung,2016)。对能源出口国来说,它们依靠销售能源、资源和产品(如俄罗斯、沙特阿拉伯、科威特、印度尼西亚、哈萨克斯坦和土库曼斯坦)的收入，能源安全意味着有足够的市场容量和有利的能源价格来支付其预算。对中国、印度、捷克共和国、波兰和塔吉克斯坦等能源进口国来说，这意味着有足够的、负担得起的能源来维持其国民经济。对于能源过境的国家（如乌克兰和格鲁吉亚），这意味着能充分享受能源过境带来的回报。

尽管一些能源出口国拥有丰富的能源资源，但它们面临着资金和技术限制。根据"一带一路"倡议，能源出口和进口之间的合作具有天然优势，例如在联合勘探、开发和建设能源管道与电力设施方面的投资便利化（Shi and Yao，2019）。"一带一路"还可以发挥的一个重要作用是调动投资，以缓解许多国家特别是发展中经济体的金融短缺。

韩等（Han et al.，2018）认为"一带一路"倡议可以改善参与国的环境绩效，促进中国与共建国家之间的能源效率趋同。齐等（Qi et al.，2019）发现，在"一带一路"共建国家中，低能效国家一直在追赶高能效国家，而高收入国家的趋同速度更高。但他们也指出，创新和研发吸收能力薄弱可能会破坏趋同。

2.4.4　"一带一路"倡议对共建国家的影响

2.4.4.1　经贸合作和金融发展

从2013年我国第一次提出"一带一路"倡议以来，国内学者从中国与"一带一路"共建国家的经贸合作、基础设施建设和全球治理等角度进行了多方面的研究。韩永辉和邹建华（2014）分析了"一带一路"背景下中国与西亚国家贸易合作的现状和未来发展前景，对中国与西亚国家的进出口规模、贸易逆差、贸易集中度、贸易商品结构进行了系统的分析，并对未来中国与西亚国家开展对外贸易的有利和不利因素进行了总结。孔庆峰和董虹蔚（2015）对"一带一路"共建国家的贸易便利化水平进行了测算，分析了这些国家的贸易潜力，研究表明"一带一路"共建国家之间的贸易潜力巨大，贸易便利化水平的提升可以进一步扩大贸易潜力，地区之间的贸易潜力要大于同一地区国家之间的贸易潜力。"一带一路"的建设应重视贸易便利化方面的合作与创新，建立多元化合作机制，实现亚欧大陆的互联互通和共同繁荣。何茂春和田斌（2016）分析了在"一带一路"背景下加快中蒙俄经济走廊建设的实质内涵、中蒙俄经济走廊先行先试的主要优势以及推进走廊建设过程中存在的主要问题和关键点。许统生等（2016）分析了"一带一路"共建国家电子商务发展对出口的动态效应，基于1999—2014年中国对"一带一路"60个共建国家的出口数据，采用面板向量自回归模型实证电子商务发展对出口的动态影响，结果发现，中国电子商务发展水平呈现不断上升势头，对滞后一期出口及其二元边际都有正向影响，对集约边际的影响大于扩展边际；在第二期对二元边际出现负向影响，其他时间均是正向影响；对出口额变化的贡献度最大，对集约边际变化的贡献度其次，对扩展边际变化的贡献度最小。谭小芬等（2017）探讨了"一带一路"背景下的人民币国际化实施路径，认为"一带一路"倡议对人民币国际化有强劲的推动作用，助力人民币由结算货币向储备货币转型。由于"一带一路"背景的独特性，我国在人民币国际化的过程中不仅将迎来金融体系不够发达、利率和汇率市场化尚未完成、资本账户开放有待推进和既有国际货币的历史惯性等挑战，而且还将面对共建国家的政治风险、经营风险和环境风险等特殊因素。陈继勇和李知睿（2018）探讨了中国对"一带一路"共建国家直接投资的风险及其防范措施。由于"一带一路"共建国家存在地理位置特殊、经济结构失衡且增长乏力和自然环境破坏加剧等问题，中国对"一带一路"共建国家的直接投资将面临政治、经济和文明等多方面的风险与挑战。中国在实施"一带一路"倡议，加快"走出去"的过程中，政府、金融保险与服务机构、企业三方应该实现联动，加强对直接投资风险的识别、评估和防范，促进中国与共建国家的投资合作和互利共赢。刘小军和张滨（2016）考察了中国与"一带一路"共建国家的跨境物流协作，基于"一带一路"共建国家和地区物流绩效水平、62个国家聚类和物流绩效指数年均增长率等多维度分析结果，发现"一带一路"共建国家和地区的物流基础设施薄弱、物流绩效水平普遍偏低，且短期内难以得到明显改善，很难与中国物流有效对接，跨境物流协作存在诸多障碍。段晓华（2017）分析了"一带一路"建设开创区域经济合作新模式。"一带一路"背景下，中国参与全球经济治理的路径主要有积极缓解全球经济市场化发展所产生的供需矛盾，积极推动区域间各国家和地区的经济平衡发展，加快实现国际产业分工合作格局的优化升级，促进金融资本的全球均衡配置，促进国际贸易的长期健康发展。

2.4.4.2 对外直接投资

2000年之前，中国对外直接投资面临诸多限制和障碍，学者也鲜有涉及这一领域。2008年之后，有关中国对外直接投资的研究开始丰富起来。比较有代表性的包括，田巍和余淼杰（2012）利用企业的微观数据进行实证研究，发现中国对外直接投资更多地遵循异质性企业理论。宗芳宇等（2012）建议关于双边投资协定、东道国制度环境与母国制度对中国海外直接投资区位选择的研究框架。顾露露和瑞德（Gu Lulu and Robet Reed，2011）从上市公司的股票价格入手，发现中国企业海外并购事件公告日的市场绩效显著为正。张建红等（2010）发现显著影响海外收购交易成败的因素来自不同的层面。具体而言，政治力量对敏感产业的影响、母国和东道国的经济关联度、收购企业和被收购企业的所有制形式、海外收购的经验和专业顾问的聘用等因素都显著地影响收购的成败。实证分析发现，交易双方政治和体制方面的影响以及收购企业本身国际化水平的限制，是中国企业海外收购成功率低的两个主要原因。

"一带一路"倡议提出后，有关中国对外投资的研究不断丰富和拓展。中国与"一带一路"共建国家的经贸合作通常会受到制度因素的抑制，而对外商限制程度越低、产权法制保护越宽松、政府腐败程度越高的地区对要素禀赋和经贸合作方式越具有显著的正向调节效应（潘镇和金中坤，2015；许家云等，2017）。中国对外直接投资的区位选择也会受到其他因素的影响，比如汇率波动、国内成本上升以及母国与东道国的技术差距等（戴金平和安蕾，2018；王碧珺等，2018）。"一带一路"倡议下共建国家基础设施的改善有望促进贸易发展（Francois and Manchin，2013）。杜和张（Du and Zhang，2018）发现，为响应"一带一路"倡议，中国的境外直接投资（ODI）特别是全部或多数股权的并购，在"一带一路"共建国家特别是大陆共建国家明显增加。相对而言，中国的国有控股收购方在基础设施领域起着领导作用，而非国有控股收购方在非基础设施领域尤为活跃。中亚和西亚、西欧和俄罗斯是中国对外直接投资的有利目的地。此外，"一带一路"倡议中嵌入的高层国际政治合作和政府支持可以大大减少东道国政策的不确定性与中国企业在"一带一路"共建国家投资的政治风险。

第3章

区域经济合作影响金融发展的理论机制

本书重点聚焦于"一带一路"倡议提出和"一带一路"建设过程中的举措对共建国家金融发展各个方面的影响，而这一点在以往的文献中并没有进行深入细致的讨论。为了方便后文的实证开展和理论讨论，本章阐述"一带一路"倡议对共建国家金融发展产生影响的可能的机制机理。

3.1 行为因素

"一带一路"倡议发出之后，最先影响的并不是贸易，也不是投资，而是既有参与市场行为主体的预期。这会改变他们对于共建国家金融发展的市场预期，改变他们参与相关投资决策的风险偏好，从而决定"一带一路"共建国家的资本市场、信贷流动、主权风险溢价和微观主体的国际金融市场连通渠道畅通与否。

首先，我们从市场预期的角度进行讨论分析。在"一带一路"构想提出之前，市场并没有预料到会有相关的倡议提出，以至于在"一带一路"倡议提出后，各方开始热议什么是"一带一路"以及"一带一路"的动机是什么。为此，金玲（2015）、李晓和李俊久（2015）等开始详细分析"一带一路"的构想和意图，临等（Lim et al.，2016）也出版了一本英文著作向世界阐释"一带一路"倡议。"一带一路"倡议的提出和建设过程中，必然会充满着对市场参与主体预期的挑战，这里的市场参与主体不仅包括金融市场的参与主体，还包括贸易主体、市场劳动力、企业家等。

其次，我们从金融市场的参与主体角度进行讨论分析。经外生事件冲击后，微观主体的市场预期发生变化而对金融市场产生影响的例子非常多。例如，奥布斯特费尔德等（Obstfeld et al.，2009）发现美联储在 2008 年国际金融危机时期，开启了美元和欧元无限额的货币互换，直接扭转了市场参与主体对金融市场流动性枯竭的担忧，结束了长达几个月的金融市场恐慌；再比如美联储在 2008 年之后修改了自身的货币政策调控框架，开始重视预期引导，这样做的结果是 2013 年的联邦公开市场委员会（FOMC）会议之后，大家预期美联储会逐渐退出量化宽松（QE），并产生缩减（Taper）恐慌，直接的结果是金融市场的波动性抬升，新兴市场国家开始出现资本外流（Cerutti et al.，2019）。与此同理，"一带一路"倡议的提出，也会对金融市场参与主体的微观预期产生冲击和影响。

再次，我们从其他市场参与主体的角度进行讨论分析。作为一个外生冲击事件，"一带一路"不仅会改变金融市场参与主体的预期，还会影响企业家、劳动力等微观主体的市场预期。例如，很多"一带一路"共建国家缺乏通畅的国际金融市场融资渠道，基础设施质量不高，治理效率不高。企业家不愿在这些国家投资建厂，劳动力也不愿意到这些国家。这些国家的劳动力也因为不能得到良好的受教育条件而无法持续积累自身的人力资本，难以从事高附加值的产业工作。"一带一路"倡议提出后，大家预期中国政府的责任和决心，预期中国将致力于积极改善共建国家的基础设施建设水平，持续加强沟通，通过直接投资改善当地的资金约束，从而产生对微观主体的激励。企业家更愿意到"一带一路"共建国家投资建厂，劳动力更愿意到"一带一路"共建国家从事生产，贸易主体更愿意与"一带一路"共建国家进行贸易往来。

最后，我们从风险偏好的角度进行分析。"一带一路"共建国家的局势稳定程度和自然环境友好程度相对较弱。因此，无论是实体贸易还是金融市场，都会对这些地区赋予更高的风险溢价。从经济学理性的角度进行分析，这是合理的。但是，我们也应该看到，这些国家很多都属于低收入国家和中等收入国家，它们急需资本进行经济发展和经济建设。只有建立在一定资本投入的基础上，才能显著改善当地的基础设施建设水平，提升当地居民的人力资本水平，提升政府的治理效率和治理能力。

2015 年《愿景与行动》的发布，表现出中国向外传递开放包容的心态，以及积极承担大国责任的担当。中国作为基建大国，致力于与共建国家的设施联通，将会改变共建国家基础设施长年落后的局面。从风险偏好的角度来看，中国在共建国家进行大量投资，一定会保障相关投资的安全。这种投资会产生外部性，让大家意识到去"一带一路"共建国家进行投资是可行的、有收益的、可持续的（Du and Zhang，2018）。其效果改变了全世界对"一带一路"共建国家的风险偏好。

3.2　资金约束

资金融通是"一带一路"倡议提出的"五通"之一，是"一带一路"建设合作的重点。"一带一路"是全球的公共产品，致力于帮助改善共建国家的金融发展和经济效率，实现区域内资源和产品的高效流动，提升共建国家的经济增长水平和风险分担能力。其中，一个重要的基础机制就是缓解资金约束。很多独联体国家缺乏有效的国际金融市场融资渠道，依靠基础资源品进行贸易获得有限的资金并用于发展建设。"一带一路"则在三个方面改进了共建国家的资金约束。

第一是流动性改进。霍尔姆斯特罗姆和蒂罗尔（Holmstrom and Tirole，2011）从多个维度详细分析了流动性的作用。虽然流动性不会直接产生生产力，但是它会通过改变企业在生产中的各个维度的行为，包括但不限于公司治理、融资模式、资本预算等，从而影响企业生产，进而加总的流动性也会对宏观经济治理产生显著影响。弗莱明和克拉格（Fleming and Klagge，2010）提出美联储的货币互换在很多时候并没有国家实际动用这些额度，而是改进了市场中原本的流动性，通过预期引导让大家愿意回归交易，让"趴在账上"的金融资产可以抵押交易，增强了整体金融体系的流动性。"一带一路"倡议的作用也可以与此相似。虽然"一带一路"共建国家的资金有限，但是流动性的提升和改善可以让既有的资金发挥更大的作用，同时也能让"一带一路"共建国家的固定资产通过抵押获得经济发展的资本，创造一部分流动性。

第二是外部资金的供给。中国通过设立亚洲基础设施投资银行和丝路基金发挥"一带一路"相关投融资机构的实际作用，从上海合作组织、中国东盟自由贸易区等多个维度，深化投融资合作，并以银团贷款、银行授信等方式与"一带一路"共建国家进行形式多元的金融合作，通过商业银行的股权投资、与社会资本联合投资的方式，参与重点项目建设，缓解在重点工程项目中的资金不足问题。然而，这种直接的资本提供方式如果没有起到杠杆作用，其实际作用难以尽如人愿。

所以，外部资金供给最重要的渠道是"一带一路"倡议能够帮助共建国家实现经济发展和产业提升的新机遇，从而吸引外部资金的流入。"一带一路"倡议如果仅仅是提供资金，仍然无法改变共建国家落后的局面，应该通过资本提供促进共建国家经济增长的内生循环动力。卢锋等（2015）提出"一带一路"互联互通有助于共建国家融入全球产业链。在全球政治经济整体不确定性增强的情况下，"一带一路"共建国家的风险实际上被降低了。共建国家如果能够架通国际市场渠道，融入国际产业链供应链和国际金融市场，那么经济增长的长期、可持续的资金供给就有了保障。"一带一路"建设提供的各种各样、形式丰富的投资机会，在顺应资本预算决策、比较优势的基础上，仍能在全世界的项目投资中具有竞争力，这不仅会给"一带一路"共建国家的经济增长和产业提升带来新的机会，还能够吸引充足的外部资金来本国进行投资，缓解资金供给不足的问题。

第三是内部资金的效率提升。长期以来，外国资本是无法实现经济的长期稳定发展的，在资本外流和危机时期，很容易带来本国经济发展停滞和金融危机（Reinhart and Rogoff，2009）。因此，对于一个发展中经济体而言，引进外来的金融机构和外来资金，通过"鲶鱼效应"改进本国金融机构的治理模式和治理效率，使得它们能够更好地、优质地服务实体经济，是金融发展的一个比较优秀的选择。邱煜和潘攀（2019）认为"一带一路"的合作框架协议是共建国家共商共建，在这种合作模式下，共建国家通过外部金融合作能够改进本国金融机构的运行效率，相较于直接引入外来资本和资本开放，其风险程度要小得多。本国金融机构更加熟知本国企业的经营状况，外部金融资本和专家或许更能把握项目整体的预期和收益情况，两者结合能够通过扩张信贷支持本地企业的经济发展。"一带一路"共商共建中的技术溢出和信息溢出效应也能帮助本国金融机构从业人员迅速积累经验，早日成长为一个兼具慧眼识别项目收益和风险以及本地企业实际经营情况的优势金融家。本国的金融机构经营效果会更好，能够发挥金融中介的资金聚集、价值发现、市场定价、流动性管理的功能，配置国内外金融资源服务于本国经济的高速增长。

3.3 风险分担

经济金融全球化和全球经济合作的理论基础就是风险分担。从 20 世纪 60 年代开始，主流经济学界就开始思考经济金融全球化的好处究竟体现在哪里。布兰纳德和库珀（Brainard and Cooper，1968）从收益和风险权衡的角度给出了答案：一个国家在经济发展的过程中要面临各种各样的异质性冲击，因而国家会倾向通过分散化产业来避免一种异质性冲击让本国经济全军覆没。他们设想，如果存在一种保险机制，可以完美地对冲未来的每一种异质性风险，那么国家就可以依照自身的资源禀赋和比较优势从事专业化生产，然后购买这种保险，这样国家就可以实现更高的产出增长和更低的消费波动。那么问题是，这种保险机制是什么呢？一系列研究表明，世界各国通过贸易和金融形成一个大的网络，这个网络可以很好地实现风险分担的功能，国际协调也能够帮助实现经济金融全球化下的风险分担（Greenwood and Jovanovic，1990；Acemoglu and Zilibotti，1997）。因此，我们可以预期"一带一路"建设与共建国家金融发展的一个重要机制就是风险分担。

"一带一路"建设中的共商共建让"一带一路"共建国家紧密地联系在一起，融入全球的产业链和国际金融市场，也会帮助它们更好地在全世界范围内分散风险。"一带一路"共建国家以往与世界的联系并不紧密，更多呈现的是封闭经济体的特征，进出口贸易和金融市场的联系不足让它们很容易遭受异质性冲击的影响，反过来，"一带一路"共建国家也较少受到国际金融市场动荡的影响。这些国家主要是依靠资源品的出口与世界形成联系。"一带一路"建设从两个维度拓展了现有的情形。第一，"一带一路"建设所形成的产业投融资机会有助于共建国家形成自身独有的经济产业链条，并以此为基础融入全球的生产链条。欧洲设计、亚洲生产、北美消费粗链条，让西欧国家、北美的加拿大和美国、东亚和东南亚国家深刻地融入全球生产的产业链供应链中。独联体国家、中东等国更多地扮演着资源品输出国的角色，较少地参与产业链上的合作。"一带一路"建设瞄准了这个突破口，致力于共建国家的产业升级改造，探索适合本国的产业新增长极。共商共建的过程中，共建国家凭借资源禀赋和比较优势进行分工合作，在区域内部形成具有竞争力的分工协作体系，搭建区域内部的产业链供应链，让区域内经济体更加紧密地联系在一起，增强自身抵御外部风险冲击的能力。共建国家在区域链条上锻炼自己，形成更强的技术优势和经验优势，进而参与全球产业链，找准自身的优势定位，进一步将风险分担区域扩散至全球。第二，"一带一路"建设带来的投融资改善和监管合作有助于共建国家以较低的风险参与到国际金融市场中来，并通过国际金融市场寻求金融全球化下的风险分担。"一带一路"建设所涉及的投资并不是面向高精尖技术，而是重点投入有重要外部性、兼具全球公共品属性的基础设施领域，这部分投资承载起夯实一个国家经济发展的基础根基的职能。以这种投融资合作的形式与全球金融市场联系具有两方面优势。一方面是风险可控，不会出现一无所有的局面，至少铁路、公路、码头等重要基础设施会服务于未来的经济增长。另一方面是区域合作的优势，在全球资源给定的情况下，如果没有突破性技术，全球市场就是一个零和博弈，而区域则不同，区域有着共同的理念和紧密联系的历史，面临相似的异质性冲击，有共同的诉求，能够通过共商共建"一带一路"提升区域整体的竞争力，进而在全球舞台上分享更多的收益。

　　风险分担的另一个体现就是区域内的金融合作，这不仅表现在中国与"一带一路"共建国家的双边本币互换、结算，也体现在区域货币合作、监管合作等方面。只有服务于区域内部的经济发展政策和区域政策协调，才能帮助区域国家更好地实现风险分担和经济发展的平衡。改革国际货币体系势在必行（周小川，2009），其中重要的一条是加强区域合作，构建区域金融合作应对极端事件冲击的能力。戈尔德贝格和蒂勒（Goldberg and Tille，2008）提出区域内的货币一体化能够更好地满足区域内的经济发展和金融需求。何等（He et al.，2021）也认为区域内货币一体化建设开始时可能受制于使用成本等因素而难以推进区域贸易一体化，但随着合作程度的跟进，区域货币能够更好地服务于本区域的经济发展，提高本地区抵御外部冲击的能力。"一带一路"建设正是帮助区域更快地跨过拐点，发挥正面积极作用的关键举措。

3.4　宏观经济政策协调

　　"一带一路"共建国家的金融发展，不仅面临上述行为因素、资本约束和风险分担的影响，也会因为宏观经济政策协调而更好地发挥服务实体经济的能力，同时也能因宏观经济政策协调而降低本国金融发展的风险。因此，宏观经济政策协调也是"一带一路"共建各国金融发展的有利因素。

　　首先，宏观经济政策协调提高了金融服务实体经济的效率。"一带一路"建设最重要的一点就是有项目作为依托和支撑，从而撬动各种资本参与建设，起到了杠杆作用。这样就能够有效避免金融空转，资金可以真正地进入实体经济之中。这样有多种好处，最显然的就是能够调动金融资源直接服务于实体经济的发展。美国金融发展的一个缺点就是过多的钱在金融体系里面空转，一直在利用美联储的宽松政策吃资本增值的福利，而不会去思考钱该如何流入实体经济，支持企业发展和居民生活消费。"一带一路"建设则不同，以政策沟通为基石，设施联通和贸易畅通都是与实体经济密切相关的，要么是直接的基础设施项目建设，要么是将当地产业融入区域和全球产业链，所有的金融活动都有实体经济作为对称依托，真正地做到将金融资源高效配置到实体经济中去。宏观经济政策协调在这个基础上进一步提升了金融服务实体经济的效能。各国在金融发展上有不同的基础，也面临不同的社会文化和历史制度的约束，因而各国的金融发展模式肯定是有所区别的。通过宏观经济政策的协调，在一个统一的框架内进行分析讨论和沟通协调，大家共商共建"一带一路"，无论国家贫穷和富有，国家经济体量大与小，都可以发表自己的意见和看法。这有助于更好地发挥各国的主观能动性，积极争取在新的区域机制中建立优势地位，为本国的经济发展谋求更好的外部支撑条件。这样在充分讨论之后，有助于达成一致的预期，便于各方筹集资金，共同发展。宏观经济政策协调的作用不仅体现在资金的筹集上，还表现在资金的运用上。同样的逻辑机制也适用于资金运用。此外，宏观经济政策协调保证了各国的经济联动，有助于各国安稳地提供资金，按照之前商议的结果进行投资建设，避免或减少因期限错配、货币错配问题产生纠纷。监管合作也是如此，各国对参与机构的监管要求趋于一致，不存在监管套利的情况，保证了同一个项目的参与方平等获利。在资金风险上，宏观经济政策协调也能在一定程度上保障项目资金的可持续性，这对期限长、涉及范围广、具有公共品属性的基础设施项目非常重要。区域协调分担了项目建设中的风险，能够更有效地调动社会资本参与建设，降低项目风险。

其次，宏观经济政策协调降低了"一带一路"共建国家的金融风险。宏观经济政策合作能够在区域内建立高效的监管、协调、沟通机制，进而讨论完善危机应对和风险处理机制，加强区域各国抵御金融风险的能力。宏观经济政策协调也会进一步派生对区域货币协调和区域一体化的需求。区域货币稳定体系的建设，更多地使用本国、本地区的货币，降低对第三方货币的依赖，能够更好地拉近金融发展和经济发展的关系，使得每一笔贸易交易对应的都是本国货币，这样的国际风险分担机制更少地受交易货币的影响。宏观经济政策协调也可以为主权债务、项目融资的可持续性提供支持，降低了各方参与共商共建"一带一路"的体制风险。此外，"一带一路"建设中不仅有大项目，还有涉及各方的为中小企业、农民等提供有效金融服务的普惠举措。这些强化微观主体金融能力的发展举措，也可以改进本国金融发展的效率，降低本国金融发展的风险，从而在"一带一路"共建国家金融发展的基础上，建立一个高质量的区域金融服务网络。

财政金融支持经济高质量发展书系

第4章

"一带一路"建设对共建国家金融发展的影响

4.1 研究背景

"一带一路"共建国家的基础设施建设落后，互联互通成为深化合作的重要瓶颈和制约。秉持着共享机遇、共迎挑战、共同发展、共同繁荣的理念，中国在基础设施建设的优势经验可以与共建国家产生优势互补，更好地提升整体区域的一体化水平和繁荣程度。"一带一路"是发展的倡议、合作的倡议、开放的倡议，惠及各方的理念伴随着《愿景与行动》的发布为世界各国所知晓。中国希望通过共商共建"一带一路"，提高共建国家的基础设施建设水平，推动提升工业化水平，发展普惠金融，解决世界经济发展不平衡的问题。在"一带一路"的建设过程中，中国推广共商共建共享的理念，展现中国声音和中国智慧。

我们借鉴现有的研究方法，开展对"一带一路"建设对共建国家金融发展的影响的探究。现有针对"一带一路"共建国家的研究主要可以分为两类：一是针对特定的"一带一路"共建国家或地区，用案例分析的方法探究中国与这些国家在"一带一路"框架下合作的机遇和挑战（李向阳，2016；马建英，2015；袁胜育和汪伟民，2015）；二是以65个共建国家为基础样本，根据数据可得性和其他因素适度增减国家数量，探究共建国家的贸易便利化（袁胜育和汪伟民，2015）、投资环境（夏昕鸣等，2020）和营商环境（曾慧等，2021）等诸多特征。两种方法各有利弊。用案例分析的方法分析"一带一路"建设对中国和对方国家以及两国之间的影响，在分析的时候可以更加深入具体，有利于突出国家特性因素，分析"一带一路"倡议如何在不同体制、不同文化、不同经济发展程度的国家落地生根、茁壮成长。大样本分析则可以运用统计学、计量经济学的方法探讨"一带一路"建设过程中的一般规律，分析如何利用好"一带一路"倡议的历史性机遇，共商共建共享"一带一路"的成果。

但是，现有的研究将"一带一路"倡议作为背景和对样本进行限制，进而探究共建国家的其他特征及影响因素，较少考虑"一带一路"倡议在共建国家和其他经济体中的扩散过程（张志原和李论，2020），也较少探究"一带一路"倡议对共建经济体的影响。孙楚仁等（2017）使用双重差分模型，以2014年作为政策冲击事件发生的年份，研究了"一带一路"倡议对中国与共建国家贸易的影响。但简单使用 2014 年作为政策冲击时间分界点存在两个问题，如前所述，一是虽然中国在 2013 年 9 月和 10 月分别提出建设"丝绸之路经济带"和"21 世纪海上丝绸之路"，但与共建国家签订"一带一路"合作文件的时间各不相同；二是随着"一带一路"倡议的发展，地理位置上不属于"一带一路"的国家和国际组织也加入共商共建共享"一带一路"倡议的大家庭。因此，本章中笔者以中国政府与其他国家政府签订共建"一带一路"政府间合作文件的时间点作为政策冲击点，探究签订这一合作文件对共建国家金融发展的影响。

4.2　研究设计与数据

4.2.1　研究方法

本章中，笔者使用双重差分方法来研究签订共建"一带一路"政府间合作文件对共建国家金融发展的影响。作为政策效应评估最为经典的方法，相较于简单添加一个政策发生与否的虚拟变量，双重差分法区分实验组和控制组、区分政策发生前后，从而能准确估计政策实施所带来的影响，并有效避免了反向因果和遗漏变量所导致的内生性问题。具体而言，本章中模型设置如式（4.1）所示：

$$FD_{i,t} = \alpha + \beta \times BRI_{i,t} + \delta X_{i,t} + A_i + B_t + \varepsilon_{i,t} \qquad (4.1)$$

在式（4.1）中，$FD_{i,t}$ 是共建国家 i 在第 t 年金融发展程度的度量；$X_{i,t}$ 是一组时变的国家层面变量；A_i 和 B_t 分别是国家和年份虚拟变量的向量，用以控制国家和年份固定效应；$\varepsilon_{i,t}$ 是误差项；$BRI_{i,t}$ 为"一带一路"倡议，是本章关心的核心变量，其为虚拟变量。如果共建国家 i 在第 t 年已经与中国政府签订共建"一带一路"政府间合作文件，则该变量为 1，否则为 0。因此，系数 β 衡量了签订"一带一路"政府间合作文件对共建国家发展的影响。如果 β 显著为正，则说明"一带一路"建设促进了共建国家的金融发展；若 β 显著为负，则说明"一带一路"建设对共建国家的金融发展有抑制作用。本章中，笔者共收集了 182 个国家 2002 年至 2019 年期间的数据，共计 3 276 个年份观测值。

4.2.2 数据

金融发展的概念宽泛、定义不统一，且涉及金融部门中的不同机构、不同市场、不同产品等多个维度，因而使用 M_2 占 GDP 的比重、私人信贷占 GDP 的比例、证券市场市值占 GDP 的比率等单一指标衡量金融发展可能有所偏颇。为了更加全面地衡量"一带一路"共建国家的金融发展情况，更好地评估和分析"一带一路"建设对共建国家金融发展的影响，笔者使用国际货币基金组织（IMF）提供的金融发展数据库。该数据库涵盖金融市场和金融机构两大重要部门，并从深度、可得性、效率三个维度分别衡量了金融部门的发展，即 3×2 的矩阵，如表4.1所示。

表 4.1　金融发展度量指标

金融发展（FD）	金融机构（FI）	金融市场（FM）
深度	FID	FMD
可得性	FIA	FMA
效率	FIE	FME

IMF 的金融发展指数有其独特的优势。随着时间的推移，金融部门在全球范围内不断发展，现代金融体系也变得多元化。关于金融机构，虽然银行通常是最大和最重要的，但投资银行、保险公司、共同基金、养老基金、风险投资公司和许多其他类型的非银行金融机构现在发挥着实质性的作用。同样，金融市场的发展方式允许个人和公司分散储蓄，允许公司通过股票、债券和外汇市场筹集资金。此类金融机构和市场的组合促进了金融服务的提供。反过来，这些金融服务的效率和获取途径有助于塑造经济繁荣的增长水平和速度。因此，IMF 的金融发展指数选择从金融机构和金融市场两个维度来度量一个国家的金融发展。

各国金融体系的多样性意味着需要考虑多个指标来衡量金融发展。以往的研究往往从多个维度选择不同的指标来度量一个国家的金融发展，但是不同指标之间的差异则需要更加直接、深入、细微的观测来进行阐述。例如，银行系统和公共债务规模常常会随着人均 GDP 的上升而下降，国内私人债券市场和股票市场、公共基金和养老基金则会随着人均 GDP 的增加而变大。此外，金融体系有一个重要的特征是效率，即使它们规模庞大且覆盖面广，如果它们效率低下，那么对经济发展的贡献就会有限。正是为了克服单一指标作为金融发展指标的缺点，IMF 构建了一个新的综合指数，同时涵盖金融机构（FI）和金融市场（FM）。金融机构包括银行、保险公司、共同基金、养老基金和其他类型的非银行金融机构。金融市场主要包括股票和债券市场。在金融机构和金融市场中，指标衡量了金融系统的不同维度：深度、可得性和效率。

尽管 IMF 构建的金融发展指数也存在一些问题，但是它能够比以往单个指标更为全面地衡量金融发展。所有实证文献面临的一个挑战是，广泛的衡量标准仅部分地反映了金融的各种功能，例如其促进风险管理、实施公司控制、聚合储蓄等的能力（Levine，2005）。IMF 的金融发展指数通过一系列广泛的指标很好地应对了这一挑战，并且这个指数在时间维度、国家范围、指标质量上都有不可比拟的优势，同时避免了与金融发展实际变化无关但驱动指数跳跃的情况。

本章中所使用 BRI 即为第二章中所述数据，为笔者从中国一带一路网上手动收集，并与中华人民共和国商务部、外交部、驻各国使馆以及其他国家政府等机构的官方网站上所提及的信息做交叉对比。通过双重检查，确保数据真实可靠。

通过梳理金融发展影响因素的已有文献，笔者共加入了 5 个控制变量，分别是：以进出口贸易占名义 GDP 比例衡量的贸易开放度（TRADE）、秦和伊藤（Chinn and Ito，2008）提供的资本开放度（CAPITAL）、人均实际 GDP 的自然对数（GDP PC）以及基于考夫曼、凯雷和马斯特鲁奇（Kaufmann，Kraay and Mastruzzi，2010）提出的全球治理指标（Worldwide Governance Indicators，WGI）得出的制度质量（INST）和通胀率（INFLATION）。变量的详细描述与数据来源详见表 4.2。

表 4.2　金融发展及影响因素的变量描述与数据来源

变量	描述	数据来源
FD	金融发展指数	
FI	金融机构发展指数	
FM	金融市场发展指数	
FID	金融机构深度指数	IMF 的金融发展数据库
FIA	金融机构可得性指数	
FIE	金融机构效率指数	
FMD	金融市场深度指数	

续表

变量	描述	数据来源
FMA	金融市场可得性指数	
FME	金融市场效率指数	
BRI	"一带一路"倡议。共建国家与中国政府签订共建"一带一路"政府间合作文件当年及以后年份，该变量为1，否则为0	中国一带一路网
TRADE	贸易开放度。共建国家的进出口贸易总额占名义 GDP 的比重	世界银行的世界发展指标（WDI）数据库
CAPITAL	资本开放度，介于 0 至 1 之间	Chinn 和 Ito（2008）
GDP PC	人均 GDP 的自然对数。以 2017 年购买力平价计算的人均实际 GDP 的自然对数	IMF 的世界经济展望（WEO）数据库
INST	制度质量。世界银行 WGI 数据库中六个维度制度指标的均值	世界银行的全球治理指数（WGI）数据库
INFLATION	通胀率。以年度平均消费者价格指数计算	IMF 的 WEO 数据库

注：Kaufmann、Kraay 和 Mastruzzi（2010）提出的 WGI 中包括话语权与问责（Voice and Accountability）、政治稳定性（Political Stability and Absence of Violence/Terrorism）、政府有效性（Government Effectiveness）、管制质量（Regulatory Quality）、法治程度（Rule of Law）、腐败控制（Control of Corruption）六项分指标，能够较为全面地衡量一国的治理水平。每项指标评分从 −2.5 至 2.5 不等，分数越高代表情况越好。

表 4.3 汇报了全样本的描述性统计结果。可以看出，就绝对值而言，全球范围内，金融机构的发展程度要高于金融市场的发展程度，这可能是由于金融市场的发展需要更多的制度和政策支持。在金融机构的三个维度中，金融机构的效率指数均值最高，波动性也最小，这表明大多数国家的金融机构都发挥了资金融通的作用。而对于金融市场的三个指标而言，金融市场的效率指数均值最低，波动性最大，表明金融市场发挥资金融通的功能仍较弱。BRI 均值为 0.110，表明 11% 的国家已经与中国政府签订了共建"一带一路"合作文件。从控制变量的角度来看，贸易开放度均值为 0.743，资本开放度的均值为 0.540，人均 GDP 水平为 9.251，与以往的文献相符。制度质量在"一带一路"共建国家的差异较大，通胀也同样存在比较大的差异。

表 4.3　金融发展及影响因素的全样本描述性统计

变量	观测数	均值	标准差	1% 分位数	99% 分位数
FD	3 258	0.305	0.228	0.040	0.900
FI	3 258	0.396	0.217	0.077	0.924
FM	3 258	0.205	0.263	0.000	0.894
FID	3 258	0.249	0.258	0.000	0.976
FIA	3 258	0.337	0.276	0.000	1.000
FIE	3 258	0.581	0.133	0.165	0.795
FMD	3 258	0.212	0.278	0.000	0.988
FMA	3 258	0.208	0.280	0.000	1.000
FME	3 258	0.190	0.322	0.000	1.000
BRI	3 258	0.110	0.314	0.000	1.000
TRADE	3 237	0.743	0.527	0.176	3.474
CAPITAL	3 089	0.540	0.376	0.000	1.000
GDP PC	3 231	9.251	1.192	6.738	11.534
INST	3 206	− 0.014	0.879	− 1.660	1.817
INFLATION	3 234	0.053	0.062	− 0.021	0.357

考虑到不同类型的经济体金融发展程度可能有显著差异，笔者还对比了三类经济体——发达市场、新兴市场和低收入国家的各变量描述性统计情况，详见表 4.4。从金融发展指数来看，发达市场的金融发展指数为 0.645，明显高于新兴市场的 0.302 和低收入国家的 0.124。金融机构方面，发达经济体为 0.715，新兴市场国家为 0.395，低收入国家仅为 0.223，差距相对较小。各国金融发展水平的差距尤其体现在金融市场中，发达经济体为 0.556，新兴市场国家为 0.200，低收入国家仅为 0.021。只要通过"一带一路"建设将低收入国家的金融市场发展水平带到与新兴市场齐平的位置，就将极大地提升共建国家的金融发展水平。简单而言，发达市场的金融发展程度远高于新兴市场，新兴市场的金融发展程度又远高于低收入国家，但三者的金融机构效率指标值都很高，分别为 0.642、0.604 和 0.520，这表明金融机构无论是在哪类经济体中都发挥了资金融通的重要作用。而就与中国签订"一带一路"合作文件的国家—年份观测值而言，新兴市场最多，占比为 13.5%，低收入次之，占比为 10.1%，发达市场最少，占比为 6.9%，这也符合"一带一路"共建国家分布情况和"一带一路"的愿景。

表4.4 不同发展程度国家金融发展及影响因素的描述性统计

变量	观测数	均值	标准差	1%分位数	99%分位数
A组：发达市场					
FD	648	0.645	0.194	0.217	0.962
FI	648	0.715	0.145	0.397	0.970
FM	648	0.556	0.271	0.023	0.945
FID	648	0.625	0.246	0.158	1
FIA	648	0.681	0.206	0.224	1
FIE	648	0.642	0.093	0.375	0.792
FMD	648	0.578	0.316	0	0.992
FMA	648	0.531	0.286	0.018	1
FME	648	0.538	0.399	0	1
BRI	648	0.069	0.254	0	1
TRADE	648	0.835	0.534	0.188	2.577
CAPITAL	612	0.935	0.161	0.164	1
GDP PC	648	10.691	0.349	9.818	11.534
INST	648	1.257	0.408	0.319	1.817
INFLATION	648	0.020	0.019	−0.015	0.086
B组：新兴市场					
FD	1 422	0.302	0.138	0.083	0.649
FI	1 422	0.395	0.138	0.152	0.702
FM	1 422	0.200	0.197	0	0.679
FID	1 422	0.216	0.177	0	0.813
FIA	1 422	0.352	0.217	0	0.908
FIE	1 422	0.604	0.117	0.255	0.824
FMD	1 422	0.188	0.202	0	0.775
FMA	1 422	0.222	0.243	0	0.853
FME	1 422	0.185	0.284	0	1
BRI	1 422	0.137	0.344	0	1
TRADE	1 410	0.703	0.366	0.197	1.889
CAPITAL	1 376	0.502	0.349	0	1
GDP PC	1 404	9.615	0.659	8.259	11.451
INST	1 419	−0.156	0.627	−1.660	1.220
INFLATION	1 410	0.058	0.063	−0.016	0.357

变量	观测数	均值	标准差	1%分位数	99%分位数
C组：低收入国家					
FD	1 188	0.124	0.059	0.034	0.333
FI	1 188	0.223	0.100	0.064	0.503
FM	1 188	0.021	0.039	0	0.185
FID	1 188	0.082	0.080	0	0.370
FIA	1 188	0.131	0.150	0	0.586
FIE	1 188	0.520	0.146	0.011	0.762
FMD	1 188	0.041	0.073	0	0.270
FMA	1 188	0.014	0.068	0	0.500
FME	1 188	0.005	0.026	0	0.110
BRI	1 188	0.101	0.301	0	1
TRADE	1 179	0.740	0.663	0.176	3.474
CAPITAL	1 101	0.367	0.334	0	1
GDP PC	1 179	8.026	0.714	6.738	9.796
INST	1 139	−0.559	0.589	−1.660	0.832
INFLATION	1 176	0.066	0.068	−0.021	0.357

4.3 实证结果

表4.5报告了签订共建“一带一路”合作文件对共建国家金融发展的影响，列（1）至列（5）报告了依次添加控制变量后的结果。无论哪种模型设置，都显示“一带一路”对共建国家的金融发展有显著的正向促进作用。以列（5）为例，加入“一带一路”倡议后，共建国家的整体金融发展水平提升了0.009。其他变量影响方向和显著性则与已有文献的结果相似。资本开放程度越高，越能够享受到区域一体化对本国金融发展的促进作用，因而“一带一路”共建国家金融发展水平的提升越明显；人均实际GDP越高，意味着经济发展水平较高，金融发展水平也一般处于国际领先；共建国家制度质量越高，金融发展水平越高，体现了一个国家的制度因素对金融发展的促进作用，与既往的研究相互印证。贸易开放度系数为正，但是并不显著，一般而言，贸易开放会伴随着金融部门的活跃，但整体来看这种积极影响并不显著；通胀水

平体现为一个国家的国内风险，对国内金融发展应该是不利的，但是回归结果也表现为不显著。整体来看，"一带一路"建设可以促进共建国家的金融发展水平，这一结果在不同的模型设定下依然是稳健显著的。

表4.5 "一带一路"对共建国家整体金融发展的影响

变量	(1) FD	(2) FD	(3) FD	(4) FD	(5) FD
BRI	0.012 ***	0.013 ***	0.010 ***	0.009 ***	0.009 ***
	(0.003)	(0.003)	(0.003)	(0.003)	(0.003)
TRADE		0.002	0.002	0.002	0.002
		(0.003)	(0.003)	(0.003)	(0.003)
CAPITAL		0.017 ***	0.014 **	0.011 **	0.011 **
		(0.006)	(0.006)	(0.005)	(0.005)
GDP PC			0.033 ***	0.020 ***	0.020 ***
			(0.005)	(0.006)	(0.006)
INST				0.028 ***	0.029 ***
				(0.005)	(0.005)
INFLATION					0.014
					(0.013)
国家	是	是	是	是	是
年份	是	是	是	是	是
观测数	3 258	3 080	3 071	3 064	3 060

注：***、**、*分别表示在1%、5%、10%的水平上显著，括号内为异方差稳健标准误。

正如IMF在构建金融发展指数时所提到的，金融机构和金融市场的发展程度在很多时候是存在比较大的差异的，这一特征在"一带一路"共建国家也会存在。考虑国家内部的金融机构与金融市场发展程度有差异，且"一带一路"倡议建设和发展过程初期也比较难作用于金融市场，笔者进一步探究了"一带一路"对金融机构发展和金融市场发展的异质性影响，结果如表4.6所示。结果显示，无论是添加还是不添加控制变量，"一带一路"建设都显著提升了共建国家金融机构的发展程度，约提升了0.14个标准差。"一带一路"建设促进共建国家金融发展的重要机制是通过外部资金供给带来的技术溢出和信息溢出效应，促进本国金融机构管理能力和治理水平的提升，发挥"鲶鱼效应"的作用。"一带一路"建设中有一个核心是基础设施建设，这类建设需要大量的资金和金融机构的参与，不仅包括国家资本，还包括私人资本；不仅包括发达经济体的金融机构，还包括发展中经济体的金融机构。通过与高水平金融机构的合作交流，共建国家本国金融机构有效提升了金融发展水平。另外，列（3）和列（4）则显示签订"一带一路"倡议和建设过程在5%的显著性水平上抑制了共建国家金融市场的发展。这一结果在一定程度上与我们的预期相悖。我们的假设认为，"一带一路"建设可以从行为预期上改变市场投资者对共建国家金融市场的偏好，从而更加支持共建国家金融市场的建设，提升流动性，扩大市场规模。但是回归的结果为负。这可能有两方面的原因。其一，"一带一路"倡议以银团贷款和直接投资为主，很少涉及债券市场和股票市场的融资，这样对共建国家金融市场的促进作用有限。其二，"一带一路"倡议和建设的重要成效就是架通了共建国家通往国际金融市场的渠道，使得共建国家能够享受到国际金融市场的服务，因而可能在初期对本国的金融市场建设有一定的替代作用。但是相信随着"一带一路"建设的持续推进，本国金融

表4.6 "一带一路"对共建国家金融机构和金融市场的影响

变量	(1) FI	(2) FI	(3) FM	(4) FM
BRI	0.034 *** (0.004)	0.027 *** (0.004)	−0.010 ** (0.004)	−0.010 ** (0.004)
TRADE		−0.003 (0.003)		0.008 * (0.004)
CAPITAL		0.010 (0.008)		0.012 (0.008)
GDP PC		0.060 *** (0.008)		−0.020 ** (0.008)
INST		0.043 *** (0.007)		0.013 ** (0.006)
INFLATION		0.027 (0.017)		0.000 (0.017)
国家	是	是	是	是
年份	是	是	是	是
观测数	3 258	3 060	3 258	3 060

注：＊＊＊、＊＊、＊分别表示在1%、5%、10%的水平上显著，括号内为异方差稳健标准误。

市场能够从国际金融市场学习到知识，进一步提升本国金融市场的深度、广度和效率，服务于本国企业的价值发现、资源配置和融资需求。因此，本章发现"一带一路"建设对共建国家金融发展的促进作用主要体现在金融机构上，而不是金融市场上。这也给我们很大的启发：我们在推进"一带一路"建设的过程中，在资金融通方面不仅要考虑资金获取的可得性，帮助共建国家和"一带一路"的重点建设项目获得资金支持，还要考虑资金来源的多样性和可持续性，发掘如何利用本国金融市场和区域金融合作调动和配置金融资源，更好地将国际金融市场的发展经验借鉴到本国和区域金融市场的建设过程中来，用"一带一路"的合作和项目训练金融市场的价值发现、资源配置能力，以期能够在未来独立自主地高效服务于本国、本地区的企业融资和国家经济发展；借"一带一路"建设的契机提升本国金融机构和金融市场的发展水平，从而更好地支撑本国和本区域经济的高质量、可持续发展。

进一步地，笔者再从深度、可得性和效率三个方面探究了"一带一路"对共建国家金融机构和金融市场的影响，结果如表4.7所示。

表4.7 "一带一路"对共建国家各维度金融发展的影响

变量	(1) FID	(2) FIA	(3) FIE	(4) FMD	(5) FMA	(6) FME
BRI	0.006* (0.004)	0.047*** (0.006)	0.018*** (0.006)	-0.000 (0.005)	-0.013** (0.006)	-0.017** (0.008)
控制变量	是	是	是	是	是	是
国家	是	是	是	是	是	是
年份	是	是	是	是	是	是
观测数	3 060	3 060	3 060	3 060	3 060	3 060

注：***、**、*分别表示在1%、5%、10%的水平上显著，括号内为异方差稳健标准误。

我们需要结合指数背后的指标进行分析和尝试。列（1）体现了"一带一路"建设对共建国家金融机构深度的影响，体现为在10%的显著性水平上起到积极促进作用。根据金融机构深度的定义，主要是私人部门信贷占GDP的比重、养老金资产规模占GDP的比重、共同基金资产规模占GDP的比重和保险资金占GDP的比重。可以看出金融机构深度指标其实就是一般意义上的金融发展指标，重点体现为金融发展相对于经济发展的GDP在量上的积累和变化。"一带一路"建设对金融机构的深度有直接的促进作用，首先体现在直接的外部资金供给方面。"一带一路"的重要机制之一是缓解资金约束,丝路基金和亚洲基础设施投资银行的设立使得各国共商共建共享"一带一路"的建设成果有了落地的机构支撑。其次体现在资金供给的杠杆作用方面。"一带一路"建设过程中的项目融资,不仅是单个国家、单一渠道的供给,更为重要的是通过国家、区域性机构的参与降低私人部门参与投资的风险、提升风险收益比,撬动更多的社会资本参与到"一带一路"项目的建设过程中来。因此,"一带一路"建设不仅直接扩展了金融机构的资金来源,还通过杠杆作用进一步抬升了金融机构发展的深度。"一带一路"建设中的金融发展是高质量的、有效率的、能够切实服务于本国和区域经济发展的,因而"一带一路"建设对共建国家的经济发展也有非常强的促进作用。在对金融发展深度的促进作用方面,由于 GDP 数据相对平滑,其在绝对系数和显著性水平上均与其他变量存在一定的差距,这也是我们所预期到的。这个变量系数和显著性水平的表现也在另一个维度肯定了"一带一路"建设对共建国家经济增长和金融发展的贡献作用,体现了中国政府一贯的政策主张:金融的天职就是服务实体经济,金融发展的根本目标也是推动经济的高质量、可持续发展。

列(2)展示了"一带一路"建设对共建国家金融机构可得性的作用,在 1% 的显著性水平上促进共建国家的金融机构可得性发展。系数 0.047 是左右回归系数中最大的,说明"一带一路"建设对共建国家金融机构可得性的促进作用是最为显著和贡献最大的。金融机构广度也可以称为可得性,它的主要度量指标是每 10 万人的金融机构分支数和每 10 万人的 ATM 个数,这个指标带有一定的普惠金融性质。"一带一路"共建国家的金融机构普遍存在发展效率低的问题,这些国家的工业化需要大量的资金投入,但是本地落后的金融机构不能很好地聚合资金。金融机构要聚焦于有金融服务的社会各阶层和群体,发展普惠金融为小微企业、居民、农民提供可以负担的、有效的金融服务。提升金融机构的可得性,能够将金融服务引入千家万户,更好地动员储蓄,积累资金。因此,"一带一路"建设对共建国家金融机构的可得性有两方面的机制作用:一方面,"一带一路"建设强调金融服务的普惠特性,要求拓展金融机构的服务边际,将金融服务下沉至更广大的人民群众,为他们带去金融服务,让他们享受到新时代金融发展的优势的同时,也更好地发挥金融机构的聚合储蓄、集中力量办大事的能力。另一方面,"一带一路"建设将金融服务铺向农民、小微企业,扩展了资金运用的边界。"一带一路"建设凭借诸多的优势,吸引了更多的多样化的企业参与，让广大地区的本土企业、小微企业有机会参与到项目建设中来，享受"一带一路"建设的成效，从而将金融机构的服务拓展到这些企业。这些企业的加入也有助于金融机构分散客户风险，避免单一客户对金融机构的压力，同时拓展了收益，从更为广泛的客户群体中锻炼金融机构的管理能力和治理能力，提高竞争力水平。因此，我们预期"一带一路"建设将会极大地改进共建国家金融机构的可得性。

列（3）是金融机构的效率，从结果中可以看到"一带一路"建设能够显著地促进共建国家的金融机构效率，在1%的显著性水平上显著。金融机构的效率是一个复杂的指标体系，它不仅包括一些收益变量，还包括一些成本和管理效率变量。具体来看，金融机构的效率主要由以下指标进行度量，包括利差收益、存贷差、表外业务收入占比、管理费用占比、资产收益率和资本收益率。这一系列指标从各个维度对金融机构的经营效率进行了检验和度量，其中前三个指标从业务的绝对竞争力、绝对收益和结构合理性方面对金融机构的行业竞争力进行了度量，指标越高说明金融机构可以从每一笔业务中获得的收益越高，体现了更好的服务能力和治理水平，以及更为广泛的金融支持实体经济的模式方法。后三个指标中，管理费用占比体现了金融机构的管理能力，更有效率的金融机构会将资源用于服务实体经济上，而不是用于内部消耗和管理层享受。资产收益率和资本收益率更是对金融机构综合业务能力和收益能力的多角度衡量，考虑到了不同金融机构对杠杆的有效运用。"一带一路"建设对金融机构效率的促进作用也可以从多个方面进行分析和阐述。第一，"一带一路"建设过程中，本土金融机构和国际高水平金融机构进行合作，本土金融机构有了同高水平跨国金融机构近距离接触与合作的机会，通过相互的业务交流，更为重要的是学习在同一业务中的处理差异，促进本国金融机构改进管理和治理能力。这种通过项目合作带来的外部溢出效应能够改进共建国家金融机构的效率发展。第二，"一带一路"带来的业务、项目能够更好地锻炼本国金融机构的业务能力。共建国家的金融机构常常服务于单一的项目和企业，缺少经验的积累。"一带一路"提供的多样化、跨国的大型项目，能够给予本国金融机构锻炼经营能力的好机会，通过不同项目和经历的锤炼，本国金融机构"干中学"，从实际业务中积累经验，提升服务本国企业和实体经济的效率和能力。第三，"一带一路"的项目是可以预期的、可持续的，对经济发展具有重要的促进作用，尤其体现在基础设施建设和设施联通方面。项目前景决定了金融机构的服务意愿，对于一个没有什么预期收益的项目，本国金融机构也不会嫁接重要资源。"一带一路"建设项目则不同，它的高收益性能够在项目本身的服务过程中对金融机构进行激励，促使它们更好地履行职责，想方设法地为项目提供高效的金融服务，从而提升金融机构的服务效率。

列（4）是金融市场的深度指标，可以看出"一带一路"建设对共建国家金融市场深度的影响几乎为零。根据 IMF 金融发展指标中金融市场深度的定义，它包括了股票市场市值占 GDP 的比重、股票交易额占 GDP 的比重、国际政府债务占 GDP 的比重、非金融企业债占 GDP 的比重以及金融机构的债务占 GDP 的比重。从这些指标的名称中可以看出，金融市场深度指标主要是度量一个国家如何高效利用股权和债权，利用金融市场进行融资。与金融机构相对，金融市场重要的是考察直接融资水平。"一带一路"共建国家的金融市场发展比较落后，缺少国际金融市场的融资渠道，国内的储蓄动员也比较有限，长期以来本国金融市场的发展严重滞后于国际平均水平。"一带一路"建设开始之后，资金融通主要依靠区域性金融机构和各国政府、金融机构的协调配合，虽然有但比较少地通过金融市场进行融通交易，因而对共建国家的金融市场深度影响有限；但是随着金融机构的活跃和金融服务范畴的扩张，对金融市场直接融资的需求一定会是逐渐提升的。可以预见的是，伴随着"一带一路"建设的持续推进，共建国家的金融市场发展也将持续改善。

列（5）是金融市场的可得性指标，这个指标在 IMF 金融发展指数中的指标为除了最大的 10 家公司之外的公司资本化程度和债券发行者的数量，包括国内和国际发行、金融公司和非金融公司发行。从回归的结果看，开展"一带一路"建设后，共建国家的金融市场可得性有显著的降低，并在 5% 的水平上显著。这说明"一带一路"建设带来了共建国家企业和金融机构较少地使用金融市场进行融资，这主要是存在两方面的原因：第一，直接融资和间接融资存在一定的互补性。一家企业可以选择在银行等金融机构进行间接融资，也可以选择在金融市场上进行直接融资。在需求给定的情况下，金融机构间接融资和金融市场直接融资一定是存量互补的，只有在有增量需求的时候，才可能出现金融机构和金融市场的持续发展改善。"一带一路"建设伴随着金融机构的快速发展，金融机构更加了解本地区的居民和企业情况，可以更加有效地将金融服务提供给这部分群体。因此，"一带一路"建设首先促进了共建国家金融机构的快速发展。在缺乏充足的理性投资者的时候，金融市场的功效是不如金融机构的。林毅夫（1999）曾经论证过，在经济发展的初期阶段，金融机构的间接融资方式对于经济增长的支撑作用更加明显，而伴随着经济发展的跟进，间接融资的成本、灵活性、效率和供给规模逐渐落后于经济的发展，金融市场能够更好地服务于经济，实现进一步突破式发展。"一带一路"共建国家多数为中低收入国家，这些国家的经济发展水平相对一般，因而在初期更多的是由金融机构主导的间接融资推动经济发展，而不是金融市场主导的直接融资驱动经济增长。第二，另外一个次要的因素是内源融资的跟进。"一带一路"建设带来了产业发展的机会，从而促进了共建国家的经济增长。与经济增长相伴相随的是企业利润的修正和改善，企业通过自身的经营可以借助产业发展的机会创造更多的利润，内源融资的持续改善帮助企业降低对外部融资的依赖。同时，金融市场的直接融资需要更加完善的信息披露，且需要实时接受第二类代理问题的审查，对共建国家的公司管理和公司治理提出了更加艰巨的挑战。在一定的时间内，企业会更加专注于业务的经营和扩张，利用"一带一路"的机遇点更好地融入区域产业链，进而融入全球产业链。在此基础上，企业才会考虑资本运作和资本预算行为，所以可能会暂时性地降低对金融市场的依赖程度。但是可以预见的是，随着"一带一路"建设的持续推进，共建国家产业规模的逐渐聚集，经济增长动能的渐进清晰，金融市场直接融资的低廉成本、聚合资金能力、价值发现和嫁接金融资源的能力会被更多的企业和金融机构所认可。新冠疫情冲击只能在一定程度上减缓这一现象的到来，随着"一带一路"区域一体化进程的推进，经济增长会内生对金融市场的需求，从而实现"一带一路"建设对金融机构和金融市场的双促进作用。

列（6）主要汇报了"一带一路"建设对共建国家金融市场效率的影响，"一带一路"政府间合作文件的签署可以减低金融市场 0.017 个单位的效率，这个结果在 5% 的显著性水平上显著。在 IMF 的金融发展指标体系中，金融市场效率的指标只有一个，即股票市场的换手率。金融市场效率的指标并不具备很强的代表性，一方面金融市场效率无法准确度量不存在国内金融市场的国家的金融市场效率，另一方面它仅仅考虑股票融资而忽视了债券市场的重要作用。"一带一路"建设降低了共建国家股票市场的换手率，其实是从两个方面产生作用的。第一，投资者结构。换手率高并不一定是一件好事情，因为这意味着投资者结构中都是交易性投资者，这些投资者只是为了追逐短期的收益，并不是真心实意地投资这个公司。"一带一路"建设在很大程度上改变了市场投资者对于共建国家经济发展的预期和偏好，并且引入了一部分长期投资者，从而在一定程度上增加了配置型投资者的比重，降低了交易型投资者的比重，这种投资者结构的变化会体现在换手率的降低上。当然，并不是说配置型投资者的增加就一定会降低换手率，以及换手率越低就越好。在发展的初期，如果没有相当比例的交易型投资者试图主动发现公司价值，寻找套利机会，这种金融市场就不会是一个成熟的金融市场，它就不能合理地配置金融资源、履行价值发现和指导一级市场定价的功能。所以从投资者结构这个角度考虑，我们只能说换手率的降低并不一定是一件坏事，但也不能说是一件好事。只能说明在当前"一带一路"共建国家经济发展相对落后的时候，以金融市场换手率为代表的效率指标会因为投资者结构的变化而产生一定的指示误区，需要我们结合每个国家的实际情况进行异质性分析。第二，"一带一路"建设对共建国家经济增长的作用。换手率的计算是以股票交易量和市值的比重作为依据的，已经有很多研究表明"一带一路"倡议对于共建国家的经济增长作用突出，不仅可以利用"一带一路"的项目带动共建国家的企业业务规模扩张和效率提升，也可以帮助共建国家的企业更好地与区域内的国家进行贸易，形成区域产业链、供应链，进而融入全球价值链。这种潜在的增长也会反映在股价之中，表现为股票市值的提升，从而每一单位的资金交易在换手率中的体现是降低的。当然，不可否认的是这一种作用机制是相对较弱的。总体而言，"一带一路"建设降低了共建国家金融市场以股票市场换手率为代理指标的效率。

表 4.8 则报告了"一带一路"建设对不同发展水平国家金融发展的影响，这一方面是考虑到"一带一路"倡议的侧重点更多的是参与合作的新兴市场和低收入国家，另一方面是考虑到不同发展水平国家的金融发展程度有显著差异，所以提升的幅度可能也有显著差异。A、B、C 三组分别报告了对发达经济体、新兴市场国家、低收入国家样本的回归结果，从中可以看出共商共建"一带一路"政府间合作文件的签订并没有促进发达经济体金融机构发展指数的提升，甚至还对金融市场的可得性产生了些许的抑制作用。这主要是因为发达经济体的金融市场和金融机构比较成熟，它们参与"一带一路"建设的目的与其他国家并不相同，更多的是出于经济新的增长点和国际话语权的考虑。正如科希纳（Kirshner，1997）所述，发达经济体介入发展中经济体的金融市场主要是为了国际政治权力的考虑，有时会为了寻求更高的国际话语权而舍弃部分的经济利益。新兴市场国家和低收入国家则不同，它们还是以发展为根本

目标，而不是单纯寻求国际政治权力的提升。从 B 组和 C 组的结果可以看出，"一带一路"政府间合作文件的签订对新兴市场国家和低收入国家的金融机构发展有显著的促进作用，降低了新兴市场国家的金融市场发展效率。这个结果也是跟我们的预期相符合的。"一带一路"建设更多地作用于新兴市场国家和低收入国家，这些国家的经济增长快但是非常不稳定，产业结构单一导致经济发展不平衡，城乡基础设施较差制约了经济进一步增长的潜力。"一带一路"建设从多方面解决了这一问题，尤其是在金融机构可得性方面，"一带一路"建设所带来的产业机构和资金融通重点支持一个宽覆盖的普惠性金融服务，提

表4.8 "一带一路"建设对不同发展水平国家金融发展的影响

变量	(1) FID	(2) FIA	(3) FIE	(4) FMD	(5) FMA	(6) FME
A 组：发达市场						
BRI	0.015	0.004	0.004	0.002	−0.051**	0.025
	(0.014)	(0.013)	(0.011)	(0.010)	(0.023)	(0.022)
控制变量	是	是	是	是	是	是
国家	是	是	是	是	是	是
年份	是	是	是	是	是	是
观测数	612	612	612	612	612	612
B 组：新兴市场						
BRI	0.002	0.032***	0.018**	−0.007	0.003	−0.047***
	(0.004)	(0.008)	(0.008)	(0.009)	(0.008)	(0.014)
控制变量	是	是	是	是	是	是
国家	是	是	是	是	是	是
年份	是	是	是	是	是	是
观测数	1 352	1 352	1 352	1 352	1 352	1 352
C 组：低收入国家						
BRI	0.004	0.021**	0.008	0.006	0.003	−0.003
	(0.004)	(0.008)	(0.013)	(0.004)	(0.003)	(0.002)
控制变量	是	是	是	是	是	是
国家	是	是	是	是	是	是
年份	是	是	是	是	是	是
观测数	1 096	1 096	1 096	1 096	1 096	1 096

注：***、**、*分别表示在1%、5%、10%的水平上显著，括号内为异方差稳健标准误。

升了金融机构的可得性，让更多的居民、企业享受到金融服务，从而聚合储蓄、高效配置金融资源，实现金融发展和经济增长。从金融市场发展来看，新兴市场国家和低收入国家受"一带一路"建设的影响一般，只有新兴市场国家的金融市场效率受到了抑制。很多低收入国家没有金融市场，因而金融市场效率并不具有很好的代表性，所以也没有进一步降低的可能。由于投资者结构的变化，"一带一路"建设可能在短期内降低了共建新兴市场国家金融市场的效率，但是随着经济增长和金融服务实体经济的效能提升，金融市场的发展也会持续改善。

此外，我们将样本经济体分为"陆上丝绸之路"和"海上丝绸之路"国家、不同收入水平国家、不同制度水平国家，以探究"一带一路"建设的异质性影响。总体而言，"一带一路"建设对不同分组国家金融发展的分项指标有差异，但均表现为促进金融机构发展、抑制金融市场发展。

4.4 稳健性检验

本节笔者通过多期双重差分（DID）模型、安慰剂检验改变样本区间、添加其他可能的遗漏变量以及删除发达经济体样本说明结果的稳健性。

首先，双重差分模型中一个重要假设是实验组和控制组满足平行趋势，即两组中个体的金融发展水平在政策冲击发生前具有相同的发展趋势，因此控制组金融发展的表现可以作为实验组的反事实，模型（4.1）的估计系数 β 只反映了政策冲击的影响。本章节中，笔者使用多期 DID 模型检验政策发生前实验组和控制组的金融发展水平趋势是否有显著差异。模型设置如下：

$$FD_{i,t} = \alpha + \beta_1 BRI_{i,t}^{-10} + \cdots + \beta_{10} BRI_{i,t}^{-1} + \beta_{11} BRI_{i,t}^{0}$$
$$+ \cdots + \beta_{15} BRI_{i,t}^{5} + \boldsymbol{A}_i + \boldsymbol{B}_t + \varepsilon_{i,t} \tag{4.2}$$

式（4.2）中，对于和中国签订"一带一路"合作文件的国家 i，$BRI_{i,t}^{-k}$ 表示在签订文件前第 k 年为1，否则为0；$BRI_{i,t}^{k}$ 表示在签订文件后第 k 年为1，否则为0。值得注意的是，在签订协议前第 10 年或者更早，$BRI_{i,t}^{-10}$ 同样等于1。图 4.1 显示了模型的回归系数和 90% 的置信区间，表明在签订"一带一路"政府间合作文件前，各国金融发展的变化趋势没有显著差异，而在签订"一带一路"政府间合作文件后，相对于没有签订的国家，签订政府间合作文件国家的金融水平有了显著的提升，并在第四年达到最高点，说明了本章结果的稳健性以及"一带一路"政府间合作文件的持续效力。

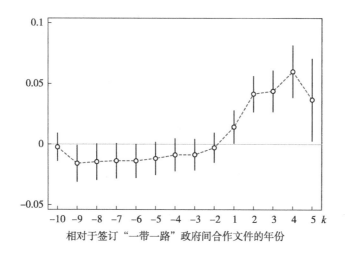

图4.1 "一带一路"建设对共建国家整体金融发展的动态影响

其次，笔者通过为每个经济体随机抽取年份作为"一带一路"政府间合作文件的签署时间以实现安慰剂检验，图4.2报告了500次随机抽取年份后的估计系数与P值。可以看出，估计系数的核密度图集中分布在0附近，且显著偏离真实值。这表明"一带一路"建设对共建国家整体金融发展的效应没有受到其他未被观测因素的影响。

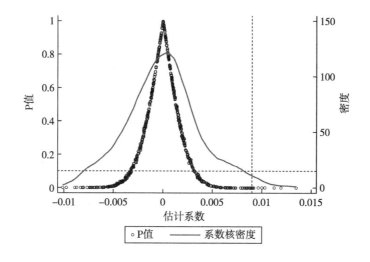

图4.2 安慰剂检验

考虑到2008年国际金融危机的影响，全球经济和金融发展受到了巨大冲击，不同国家的金融发展可能出现结构性变化。因此，笔者在此处仅保留2010年后的时间样本，重新探究"一带一路"对共建国家各维度金融发展的影响，表4.9所显示的结果与前述结论一致，充分证明了本章结果的稳健性。

表4.9　2010年后"一带一路"对共建国家各维度金融发展的影响

变量	（1） FID	（2） FIA	（3） FIE	（4） FMD	（5） FMA	（6） FME
BRI	0.005 * （0.003）	0.020 *** （0.004）	0.009 （0.006）	0.004 （0.004）	− 0.007 （0.005）	− 0.014 ** （0.006）
控制变量	是	是	是	是	是	是
国家	是	是	是	是	是	是
年份	是	是	是	是	是	是
观测数	1 697	1 697	1 697	1 697	1 697	1 697

注：***、**、*分别表示在1%、5%、10%的水平上显著，括号内为异方差稳健标准误。

再次，政府的财政行为对金融部门的发展也有重要影响。因此，笔者加入财政盈余（FISCAL）这一指标，其等于一般政府收入与一般政府支出的差额占GDP的比重，衡量了政府将财政资源交给经济中其他部门和非居民使用的程度。表4.10的结果表明，当政府将较少的财政资源转移给经济体中的其他经济主体时，金融机构的发展程度也会相应降低，而核心变量"一带一路"的影响与之前的结论保持一致。

表4.10　考虑政府盈余的影响

变量	（1） FID	（2） FIA	（3） FIE	（4） FMD	（5） FMA	（6） FME
BRI	0.006 （0.004）	0.046 * * * （0.006）	0.017 * * * （0.006）	− 0.001 （0.005）	− 0.014 ** （0.006）	− 0.017 ** （0.008）
FISCAL	− 0.001 *** （0.000）	− 0.002 *** （0.000）	− 0.001 *** （0.000）	− 0.001 ** （0.000）	− 0.000 （0.000）	0.000 （0.000）
控制变量	是	是	是	是	是	是
国家	是	是	是	是	是	是
年份	是	是	是	是	是	是
观测数	3 055	3 055	3 055	3 055	3 055	3 055

注：***、**、*分别表示在1%、5%、10%的水平上显著，括号内为异方差稳健标准误。

此外，已有文献较多地探讨了贸易开放和金融开放的相互作用。因此，笔者在表4.11中也加入了贸易开放和金融开放的交互项，结果显示交互项对金融机构的可得性有负向影响，但对金融机构的效率有正向影响，而控制这一交互项后，本章的核心结论依然稳健。

表4.11　考虑贸易开放度和资本开放度的交互关系

变量	(1) FID	(2) FIA	(3) FIE	(4) FMD	(5) FMA	(6) FME
BRI	0.006 * (0.004)	0.048 *** (0.006)	0.018 *** (0.006)	− 0.000 (0.005)	− 0.013 ** (0.006)	− 0.017 ** (0.008)
TRADE* CAPITAL	0.008 (0.011)	− 0.018 * (0.011)	0.028 * (0.015)	− 0.012 (0.012)	− 0.008 (0.010)	0.014 (0.019)
控制变量	是	是	是	是	是	是
国家	是	是	是	是	是	是
年份	是	是	是	是	是	是
观测数	3 060	3 060	3 060	3 060	3 060	3 060

注：***、**、*分别表示在1%、5%、10%的水平上显著，括号内为异方差稳健标准误。

最后，考虑到发达经济体与非发达经济体在金融发展水平以及趋势上的差异，笔者去掉了发达经济体样本，仅保留新兴市场国家和低收入国家样本。结果表明，"一带一路"提升了共建新兴市场国家和低收入国家的金融机构深度与金融机构可得性，降低了金融市场效率，与基准结果基本保持一致（见表4.12）。

表4.12　"一带一路"对共建新兴市场国家和低收入国家各维度金融发展的影响

变量	(1) FID	(2) FIA	(3) FIE	(4) FMD	(5) FMA	(6) FME
BRI	0.005 * (0.003)	0.020 *** (0.004)	0.009 (0.006)	0.004 (0.004)	− 0.007 (0.005)	− 0.014 ** (0.006)
控制变量	是	是	是	是	是	是
国家	是	是	是	是	是	是
年份	是	是	是	是	是	是
观测数	1 697	1 697	1 697	1 697	1 697	1 697

注：***、**、*分别表示在1%、5%、10%的水平上显著，括号内为异方差稳健标准误。

4.5 小结

本章中笔者使用双重差分模型探究了与中国签订共建"一带一路"政府间合作文件对共建国家金融发展的影响。结果表明，签订"一带一路"政府间合作文件后，共建国家整体的金融发展水平有显著提升。笔者进一步区分了不同部门以及不同维度的金融发展，发现"一带一路"的促进作用主要体现在金融机构的深度、可得性和效率方面，而对金融市场的可得性和效率有一定的抑制作用。这主要是因为"一带一路"建设主要以大项目为依托，各国共商共建共享，在资金融通的方式上更多的选择政府出资撬动社会资本参与，因而主要依靠金融机构而不是金融市场，从而更多的是提升以金融机构为代表的间接融资效率。由于金融机构的间接融资和金融市场的直接融资存在一定的互补性，所以在短期内金融市场会受到一定的抑制。但是，随着"一带一路"建设带来新的产业机会和经济增长点，共建国家的企业融入区域和全球价值链之中，金融机构和金融市场都将在各自的领域发挥作用，带动国家整体金融发展水平的提升，服务于经济的高质量、可持续发展。

此外，笔者根据共建国家的发展水平进行分组，探究了共建"一带一路"的异质性影响。整体而言，"一带一路"的促进作用主要体现在新兴市场和低收入国家中，而对发达经济体存在一定的抑制作用。为了结果的稳健性，笔者尝试使用 2010 年后的样本区间以避开 2008 年国际金融危机的影响，添加额外的控制变量以解决遗漏变量问题，实证结果与前述结论一致，证明了本章结论的稳健性。

第5章
"一带一路"建设影响共建国家金融发展的机制分析

本章中笔者基于"一带一路"倡议的重点以及共建国家的核心特征，从三个方面讨论"一带一路"建设是如何改变和影响共建国家金融发展的，包括资金可得性、风险水平和政策协调三个维度；在此基础上，进一步探究"一带一路"建设影响共建国家金融发展的作用机制。

5.1 资金可得性

金融是现代经济的血液，要想大力建设基础设施，促进经济社会发展，则必须要有大量的资金支持。"一带一路"合作伙伴多数为新兴市场和低收入国家，面临长期且数额巨大的投融资需求。一方面，这类国家金融体系自给自足的能力较弱；另一方面，这类国家风险程度较大，在国际金融市场上存在融资难和融资贵的问题。这两方面的约束限制了其基础设施乃至经济社会的发展。"一带一路"倡议中五个重要的合作模式之一就是资金融通。作为"一带一路"倡议的主要提出者和支持者，我国金融机构为"一带一路"建设提供了大量的贷款资金支持，例如中国进出口银行、国家开发银行等。但是对于金融体系发展程度较弱的共建国家而言，中国金融机构单一的贷款支持难以为继，需要其他国家的金融机构以及国际金融组织的贷款资金支持。更重要的是，还需要企业部门的投资资金支持，以提升共建国家的资金可得性。

近年来，国际经济贸易环境多变，经济全球化进程遭遇挫折，贸易保护主义、单边主义抬头。在这样的国际环境下，中国仍致力于捍卫经济全球化进程，支持贸易和投资便利化，对外直接投资流量和存量规模都位于世界前列。当然这也是由于中国经济发展正发生结构性变化。新发展格局下，我们不仅要实现以国内大循环为主体的高质量发展，还需要积极"走出去"，特别是国内资本的"走出去"，形成国内国际双循环相互促进的新格局。对于投资目的地的选择，中国企业大概基于三种考虑：一是市场导向型，主要集中在东南亚、中东欧等国家，对这些国家进行直接投资可以有效减少贸易壁垒并拓展市场规模；二是资源导向型，主要是资源丰富的澳大利亚以及非洲、中亚、中东及拉美国家，以求能够保持稀缺原材料的供应和价格稳定；三是技术导向型，主要集中在科技水平领先的北美、西欧国家和日本，通过直接投资学习国际先进技术，缩短技术水平差距。除此之外，投资目的地的风险水平也是重要的影响因素。中国企业直接投资的主要目的地是发达经济体。随着"一带一路"倡议的推进,中国对共建国家的直接投资额也在不断提升。

本章中,笔者重点探究"一带一路"建设是否提升了中国对共建国家的对外直接投资,从而提升了共建国家的资金可得性,并进一步促进其金融市场发展。类似于等式(4.1),笔者同样构造了双重差分模型,具体形式如式(5.1)所示:

$$OFDI_{i,t} = \alpha + \beta * BRI_{i,t} + \delta X_{i,t} + \varepsilon_{i,t} \qquad (5.1)$$

值得注意的是,对外直接投资的影响因素与金融发展的影响因素并不完全一致,现有研究通常基于引力模型探究国家间的对外直接投资。因此,本章中笔者控制了共建国家的经济规模(GDP)、中国的经济规模(GDP CNH)和双边距离(DIST)。值得注意的是,GDP CNH 在横截面上没有变化,DIST 对同一个共建国家在时间维度上没有变化,同样起到了控制横截面因素和时间序列因素的作用,因此在回归式(5.1)中,笔者不再控制年份固定效应和国家固定效应。

参考已有文献,笔者还控制了共建国家人均实际 GDP 的自然对数(GDP PC)、外商直接投资(FDI)、自然资源禀赋(RES)、人力资源禀赋(LABOR)和政府治理水平(INST),变量描述和数据来源详见表5.1。

表5.1 资本流动及其影响因素的变量描述和数据来源

变量	描述	数据来源
OFDI	对外直接投资,中国对外直接投资存量的自然对数	中国商务部网站
BRI	"一带一路"倡议,定义同表4.2	中国一带一路网
GDP	经济规模,共建国家以美元计价的名义 GDP 的自然对数	IMF 的 WEO 数据库
GDP CHN	中国经济规模,以美元计价的名义 GDP 的自然对数	IMF 的 WEO 数据库
DIST	距离,中国和共建国家人口最多城市间的地理距离	CEPII 数据库
GDP PC	人均实际 GDP 的自然对数,同表4.2	IMF 的 WEO 数据库
FDI	外商直接投资,共建国家外商直接投资占 GDP 的比重	世界银行的 WDI 数据库
RES	自然资源禀赋,共建国家自然资源租金占 GDP 的比重	世界银行的 WDI 数据库
LABOR	人力资源禀赋,劳动力人口占总人口的比重	世界银行的 WDI 数据库
INST	制度质量,定义同表4.2	世界银行的 WGI 数据库

变量的描述性统计如表 5.2 所示。

表 5.2 资本流动及其影响因素的描述性统计

变量	观测数	均值	标准差	1% 分位数	99% 分位数
OFDI	3 077	19.673	8.206	0.000	28.743
BRI	3 077	0.117	0.321	0.000	1.000
GDP	3 060	24.116	2.318	19.041	29.157
GDP CHN	3 077	29.433	0.698	28.136	30.294
DIST	3 009	9.003	0.522	7.067	9.861
GDP PC	3 052	9.263	1.194	6.749	11.565
FDI	2 939	0.062	0.180	−0.054	0.531
RES	3 023	0.074	0.113	0.000	0.523
LABOR	2 907	0.445	0.009	0.251	0.718
INST	3 034	−0.017	0.883	−1.688	1.811

表 5.3 报告了签订共建"一带一路"政府间合作文件对中国对外直接投资的影响。列（1）至列（6）报告了依次添加控制变量后的结果。无论是哪种模型设置，"一带一路"均显著提升了中国对外直接投资规模。以列（6）为例，BRI 对应的系数为 0.859，这表明签订"一带一路"政府间合作文件后，中国对"一带一路"共建国家的直接投资存量提升了 $e^{0.859} - 1 = 136\%$ ，这无疑显著提升了共建国家的资金可得性。"一带一路"建设提升了共建国家的金融发展水平是我们上一章重点论证的内容，其中一个机制就是"一带一路"建设通过共商共建共享合作的基础，在一系列大项目特别是基础设施项目的基础上提升区域的一体化水平。政府和区域金融机构通过国家资本直接支持项目融资，并借此撬动社会资本参与共商共建"一带一路"。本节我们选择了中国对共建国家的直接投资，在一个维度上验证了"一带一路"建设对共建国家金融发展的一个作用机制：资金可得性。伴随着"一带一路"建设的持续推进，中国和共建国家的经济金融合作越来越密切。起初，中国企业投向"一带一路"共建国家的资金可能更多基于政策因素的考虑，要使"一带一路"倡议在国际社会上立足立稳。但是伴随

着"一带一路"建设的稳步推进，中国企业更加熟悉共建国家的经济基本面、基础设施情况、人力资本构成、政府治理水平等要素情况，开始逐步依托比较优势、资源禀赋、产业结构等市场化机制进行投资建设，将中国的优势产能转移到"一带一路"共建国家，加强区域一体化水平，通过直接投资改进共建国家的金融发展水平，促进资金可得性的提升，带动当地的产业发展和就业稳定，支持和撬动国际社会将更多的资金投资于"一带一路"共建国家。同时，中国对"一带一路"共建国家的直接投资，伴随着中国强有力的治理能力和优势的技术支持，技术溢出效应也能够进一步改进共建国家的人力资本水平和企业生产率，有力提升经济的增长动能和效能，进而反馈到金融发展上。更广阔的金融服务群体和更加优质的金融资源配置方，能在供求两个方面带来金融发展水平的提升。

在控制变量方面，本章的回归结果与既往文献中的结果非常一致。共建国家和中国的经济规模都显著提升了中国对共建国家的直接投资，双边距离则显著抑制了来自中国的直接投资。这与贸易及投资领域的引力模型结论一致，目的地国更大的经济规模意味着对企业直接投资有更大的吸引力，而中国经济规模的增加也意味着更多企业开始走出国门，在海外进行直接投资。双边距离则是投资成本的一个直观度量，距离的增加意味着投资监管难度和成本的增加，抑制着企业的对外直接投资意愿。经济发展水平呈现出显著的负向影响，这一方面是由于中国的直接投资在发达经济体容易受到严格的审查，另一方面是由于新兴市场国家有着更广阔的投资机会，从而吸引了更多的外商直接投资。总外商直接投资（FDI）的占比有显著的正向影响，这表明中国企业的对外直接投资目的地与全球其他国家企业的对外直接投资目的地是一致的，证实了"一带一路"建设对社会资金的供给具有一定的杠杆作用。自然资源禀赋、人力资源禀赋和制度质量表现出正向促进作用，这与中国企业的对外直接投资策略和特点一致。自然资源禀赋优势表明当地具有一定的成本优势，不需要再通过运输来寻找自然资源，并且在运输成本中还有一定的不确定性因素，因而自然资源禀赋在1%的水平上促进直接投资。劳动力市场也是要素禀赋中的一种，更广阔的劳动力市场可以寻找更加匹配的劳动力，有助于生产的开展。避免制度变动对直接投资的影响是我国企业在"一带一路"共建国家投资的主要顾虑，所以制度质量高、经济社会稳定的共建国家更容易获得更多的直接投资。

表5.3 "一带一路"建设对中国对外直接投资的影响

变量	（1）OFDI	（2）OFDI	（3）OFDI	（4）OFDI	（5）OFDI	（6）OFDI
BRI	0.925 ***	0.948 ***	0.749 **	0.766 **	0.736 **	0.859 **
	(0.355)	(0.354)	(0.372)	(0.367)	(0.368)	(0.376)
GDP	1.409 ***	1.698 ***	1.743 ***	1.712 ***	1.729 ***	1.738 ***
	(0.058)	(0.071)	(0.074)	(0.073)	(0.078)	(0.078)
GDP CHN	2.528 ***	2.523 ***	2.629 ***	2.786 ***	2.672 ***	2.712 ***
	(0.228)	(0.225)	(0.224)	(0.222)	(0.224)	(0.225)
DIST	−1.103 ***	−1.176 ***	−1.081 ***	−1.023 ***	−0.791 **	−0.859 **
	(0.366)	(0.367)	(0.372)	(0.363)	(0.368)	(0.380)
GDPPC		−1.032 ***	−1.096 ***	−0.973 ***	−1.152 ***	−1.432 ***
		(0.122)	(0.126)	(0.123)	(0.133)	(0.186)
FDI			3.305 ***	3.489 ***	3.094 ***	2.992 ***
			(0.718)	(0.719)	(0.616)	(0.605)
RES				10.320 ***	10.660 ***	12.110 ***
				(0.854)	(0.872)	(1.218)
LABOR					0.519 ***	0.432 ***
					(0.150)	(0.156)
INST						0.559 **
						(0.259)
观测数	3 000	2 992	2 885	2 882	2 748	2 748

注：***、**、*分别表示在1%、5%、10%的水平上显著，括号内为异方差稳健标准误。

进一步地，考虑到"一带一路"倡议具有地理上和目标国的集聚性，其对中国对外直接投资可能有异质性的影响。因此，笔者引入了"一带一路"倡议和国家特征的交互项，结果如表5.4所示。对于经济发展程度不高、人力资源禀赋及制度质量欠佳的国家而言，"一带一路"建设中，中国对外直接投资的提升更多。这一点与我们的预期也比较一致。"一带一路"倡议的目的就是在降低区域经济发展的不平等、不均衡，在人类命运共同体的框架下讨论如何提升区域一体化程度。直接投资和证券投资最大的不同，就是直接投资是长期投资。为了保证长期投资的利益最大化，通常会有人力资本转移、无形资产、市场壁垒、纵向一体化等诸多考虑，所以也会通过直接投资将优势技术、人力资本员工、管理能力、供应商网络等带到直接投资国，因而具有很强的技术溢出、信息溢出效应，不仅通过一笔投资、一个项目带来当地经济金融水平的提升，也会通过各种溢出效应改进既有的企业治理水平和生产率，提升经济发展的潜力和吸引力。从接受方的角度看，对于经济发展程度较低的"一带一路"共建国家而言，中国对当地的投资更是一笔宝贵的财富。相较于发达经济体和其他资金供给充足的国家，经济发展水平较低的国家对资本的诉求更高。随着"一带一路"建设的推进，这些国家迫切希望在这个框架下获得直接投资来满足本国经济建设过程中的资本需求，中国作为"一带一路"倡议的发出国在这些国家进行直接投资，通过资金融通提升这类国家的资金可得性，提升其金融发展水平，促进其经济增长。

表 5.4 "一带一路"建设对中国对外直接投资的异质性影响

变量	（1） OFDI	（2） OFDI	（3） OFDI	（4） OFDI	（5） OFDI
BRI	10. 516 *** （3. 254）	0. 556 （0. 421）	0. 950 ** （0. 475）	3. 869 ** （1. 649）	0. 767 * （0. 393）
BRI * GDP PC	− 1. 009 *** （0. 347）				
BRI * FDI		7. 149 ** （3. 189）			
BRI * RES			− 1. 518 （2. 531）		
BRI * LABOR				− 6. 481 * （3. 574）	
BRI * INST					− 1. 177 ** （0. 549）
引力模型变量	是	是	是	是	是
其他控制变量	是	是	是	是	是
观测数	2 748	2 748	2 748	2 748	2 748

注：***、**、*分别表示在1%、5%、10%的水平上显著，括号内为异方差稳健标准误。

此外，笔者还根据国家发展程度进行分组，研究了"一带一路"建设对中国对不同发展程度经济体直接投资的影响。结果如表 5.5 所示，同样呈现了异质性的影响。"一带一路"建设对对外直接投资的正向促进作用主要体现在低收入国家中：在不加入控制变量的情况下，与中国签订"一带一路"政府间合作文件后，中国对其直接投资存量增加了 $e^{2.066} - 1 = 690\%$，考虑其他因素的影响，签订"一带一路"政府间合作文件后，中国对其直接投资存量增加了 $e^{3.136} - 1 = 2\,200\%$。另一方面，"一带一路"建设对发达市场的对外直接投资反而产生了抑制作用，这可能是由于资金总量一定的情况下，不同国家的分配是一个"争蛋糕"的过程。低收入国家是"一带一路"建设的主要对象，因此对其直接投资大量增长，这使得原本计划流向发达市场的直接投资减少。这一结论验证了笔者在第 4 章中的结论，同时也说明了资金可得性渠道的存在。"一带一路"倡议通过增加中国企业对共建低收入国家的直接投资，提升了其资金可得性，促进了其金融发展。

表 5.5 "一带一路"建设对中国对不同发展程度经济体直接投资的影响

变量	(1)	(2)	(3)	(4)	(5)	(6)
	发达市场		新兴市场		低收入国家	
	OFDI	OFDI	OFDI	OFDI	OFDI	OFDI
BRI	-3.269 ***	-2.381 **	0.461	0.007	2.066 ***	3.136 ***
	(1.099)	(1.051)	(0.391)	(0.379)	(0.679)	(0.702)
引力模型变量	是	是	是	是	是	是
其他控制变量	否	是	否	是	否	是
观测数	612	610	1 317	1 206	1 071	932

注：***、**、*分别表示在1%、5%、10%的水平上显著，括号内为异方差稳健标准误。

5.2 风险水平

这一节，笔者探究共建"一带一路"对共建国家风险水平的影响。抑制"一带一路"共建国家尤其是低收入国家金融发展的一个重要因素是国家风险水平。"一带一路"倡议中所涉及的地理区域主要为亚欧大陆，后续又有大量非洲国家与中国签订"一带一路"政府间合作文件。总体而言，当前"一带一路"已经辐射了世界经济政治形势中最为复杂的几个重点地区。"丝绸之路经济带"部分共建国家处于亚欧大陆交界，同时受到东西方多元文化影响，区域内部协调统一需要更多时间和机会。此外，部分共建国家经济发展水平较低，社会治理能力较弱，法制发展水平较低，可能潜藏着难以察觉的社会风险。一些共建国家身处交通要道或者具有丰富的能源矿藏，是大国博弈的重点，地缘政治关系紧张。最后，由于共建经济体金融发展程度有限，各金融部门的波动程度也相对较大。以上因素都增加了共建国家的风险水平。

较高的风险水平不利于本国企业部门的投资再生产，导致大量资本外流，限制了其金融部门的发展；也降低了外资投资的意愿，阻碍本国的金融市场与国际金融市场进行对接。而共建"一带一路"倡议通过政策沟通、设施联通、贸易畅通、资金融通、民心相通等重要内容与共建国家协同发展，有望降低共建国家的风险水平，从而有效地提升其金融发展水平。经济学人智库（EIU）提供了131个国家主权风险、货币风险、银行部门风险、政治风险（Prisk）和经济结构风险（SRisk）五个维度的度量，是度量各国风险的重要数据库。此外，EIU将主权风险、货币风险和银行部门风险三个维度的权重加总，定义为国家总体风险，更准确地说，应该是金融部门风险（Frisk）。本节中，笔者同样采用等式（5.1）的设置，并同样根据共建国家的发展程度进行分组，探究"一带一路"对共建国家金融部门风险、经济结构风险和政治风险的影响。

表5.6的结果显示，在不加入控制变量的情况下，"一带一路"建设在1%的水平上显著降低了共建发达市场的金融部门风险；在加入控制变量的情况下，虽然BRI对应的系数在10%的水平上不再显著，但仍为负。共建"一带一路"对新兴市场国家总体风险没有显著的影响，对低收入国家总体风险有显著的抑制作用。以列（6）结果为例，中国与共建国家签订共建"一带一路"政府间合作文件后，对应国家的金融部门风险降低了4.2，约0.5个标准差。"一带一路"共建国家的金融发展水平相对落后的一个原因就是国家的风险比较高，体现为国家金融部门的风险。首先是主权风险。一个国家最重要的风险因子就是主权风险，现代社会中，国际借贷和政府负债已经是经济社会发展的必经之路。更好地利用债务杠杆的作用支持经济发展，不仅可以从时间上平滑不同时期的风险，做到跨周期的风险共担，还可以通过国家之间在主权债务上的互相持有，增强区域和国际间的风险分担水平，降低单一、国家、行业异质性风险对本国和特定支柱产业的冲击，保持本国经济的平稳运行和金融部门的内生稳定。其次是货币风险。雷因哈特和罗戈夫（Reinhart and Rogoff，2009）的著名著作《这次不一样》在梳理几百年来货币危机的数据进行经验总结的时候发现，货币危机是一个国家经济停滞发展

的重要杀手,其诱发因素可能是金融体系的不稳定、通胀,或是主权债务高企导致的信任危机。第二代和第三代货币危机模型也主要强调了货币危机的形成对一个国家经济稳定的重要影响。最后是银行部门的风险。银行危机是金融机构风险的一个典型代表,金融机构或者说金融部门天然就是经营风险的行业,具有内生的不稳定性,也不可能存在一个完全合同可以完美为金融机构所遇到的各种风险投保。银行危机直接冲击本国的宏观经济运行的稳定,进而会外溢到区域甚至是整个世界。

表5.6 "一带一路"建设对共建国家金融部门风险的影响

变量	(1)	(2)	(3)	(4)	(5)	(6)
	发达市场		新兴市场		低收入国家	
	Frisk	Frisk	Frisk	Frisk	Frisk	Frisk
BRI	− 5.306 ***	− 3.505	1.087	0.678	− 4.457 ***	− 4.206 ***
	(1.982)	(2.452)	(1.755)	(0.917)	(1.599)	(1.530)
控制变量	否	是	否	是	否	是
国家	是	是	是	是	是	是
年份	是	是	是	是	是	是
观测数	257	252	893	874	321	315

注: *** 、 ** 、 * 分别表示在1%、5%、10%的水平上显著,括号内为异方差稳健标准误。

"一带一路"建设通过降低共建国家的风险水平可以提升各国的金融发展水平。第一,"一带一路"建设提振了全球对共建国家的预期和信心。所有的实际行动、项目、投资都要在有一定积极预期的基础上才能收获更好的成效。中国掷地有声地提出"一带一路"倡议,让全世界的人们注意到这样一个拥有历史文化积淀、发展潜力巨大的地区。共建国家经济发展相对落后于西方发达经济体,但是这并不代表这一地区就有经济落后的基因,历史上这些地区也是文化繁荣、经济发达的地区。只要共建国家的人们团结一致,共商共建"一带一路",就一定能够将区域合作交流发展的潜力充分释放出来,成为未来一段时间世界上增长最快的地区之一。第二,"一带一路"共建国家风险水平的下降,提升了在这些地区进行投资和金融发展的风险收益,从而在市场化的机制下也能吸引更多的金融机构和国际投资者关注。可靠、稳定、具有可持续性的投资一定是建立在市场化运行机制的基础上的,必须是有利可图才会吸引微观经营主体发挥主观能动性,提升企业和金融机构的运行效率和管理能力，提高全要素生产率和经营业绩。"一带一路"的建设通过"五通"的合作，区域之间的交流更加频繁，政府治理和企业管理能力都有很强的提升，微观风险的应对能力提升。区域协调沟通机制也让各国认识到共商共建共享的优势，集中国力全身心投入经济建设。另外，区域一体化进程也能够强化民心交流，"一带一路"的建设也能让大家认识到合作共建的收益，更加积极地享受经济建设的成果，金融发展的边际收益也会更高。第三，"一带一路"的区域一体化进程通过贸易、金融联系强化了风险分担，建立了尾部极端事件的保险机制。历史的经验告诉我们，尾部极端事件的发展会极大地催生国家的不稳定。"一带一路"降低国家金融风险水平的一个机制就是区域风险共担，区域一体化进程的不断跟进，国家之间人员往来密切，贸易和金融将区域编织在一起，即使有尾部事件出现，各国之间的通力合作也能将危机的影响降至最低。这种保险机制并不是一个私人部门能够解决的。降低国家风险，可以改善金融机构和金融市场发展的风险偏好，降低它们对极端事件出现后损失过于惨重的担忧，从而专心致志地做好企业和金融机构应该做的事情，更好地提升经营效率和管理绩效，提升共建国家金融服务的深度、可得性和效率。

表5.7报告了"一带一路"建设对共建国家经济结构风险影响的结果。与表5.6类似，笔者同样发现了签订共建"一带一路"政府间合作文件对低收入国家经济结构风险的降低作用。无论是加入还是不加入控制变量，签订"一带一路"合作协议后，共建低收入国家的经济结构风险都在1%的水平上显著降低。以列（6）的系数为例，BRI对应的系数为−7.609，这表明"一带一路"建设降低了低收入国家经济结构风险约0.77个标准差。不同于金融部门风险，"一带一路"建设对发达市场的经济结构风险没有显著影响，这可能是由于发达市场的经济结构已经相对稳固和完善。同样地，"一带一路"建设对新兴市场的经济结构也没有显著影响。"一带一路"建设降低共建国家经济结构风险，进而改进国家金融发展水平的具体机制路径与国家金融部门风险的非常类似，在此不再赘述。需要额外提出的一点是，"一带一路"建设一方面通过"五通"建设，尤其是基础设施联通，将区域各国紧密地联系在一起，另一方面通过项目、产业园建设构建了区域价值链，共建各国一些缺乏国际比较优势的产业可以先行融入区域产业链、供应链，进而发展过后进入全球价值链。这两个方面的因素很好地提升了共建国家经济结构的稳定性，尤其是提升了外生冲击下国家经济结构的稳定性。这种经济结构稳定性的提升，可以降低

经济结构风险，金融机构也可以更为准确地对产业和企业的发展进行预估和定价，提供各种各样的金融服务也有了现实参考的依据，从而扩大金融服务的可得性，提升金融服务的深度，改进金融服务的效率。

表5.7 "一带一路"建设对共建国家经济结构风险的影响

变量	(1)	(2)	(3)	(4)	(5)	(6)
	发达市场		新兴市场		低收入国家	
	Srisk	Srisk	Srisk	Srisk	Srisk	Srisk
BRI	−3.063	0.514	1.790	1.851	−7.926 ***	−7.609 ***
	(2.100)	(1.877)	(1.875)	(1.516)	(2.397)	(2.432)
控制变量	否	是	否	是	否	是
国家	是	是	是	是	是	是
年份	是	是	是	是	是	是
观测数	257	252	893	874	321	315

注：***、**、*分别表示在1%、5%、10%的水平上显著，括号内为异方差稳健标准误。

表5.8报告了"一带一路"建设对共建国家政治风险影响的结果。政治风险的结果与以上两类风险的结果有较大差异，无论是控制还是不控制其他因素，对于不同发展程度的经济体，"一带一路"建设对其政治风险都没有显著的影响。以上结果显示，"一带一路"主要通过降低低收入国家的金融部门风险和经济结构风险提升其金融发展，而不影响其政治风险。这也从侧面表明共建"一带一路"是一个区域间的经济合作倡议，而不涉及政治要素。中国提出该倡议是为了与其他国家共同发展经济，共享发展成果，但不会干涉别国内政。"一带一路"是借用古代丝绸之路的历史印迹和符号，秉承共商共建共享的原则，因而更多地拉近"一带一路"共建各国的情感交流和经济联系。中国一贯秉持不干涉其他国家内政的原则，从《愿景与行动》的表述来看，"一带一路"建设主要是八个维度的交流，包括增进共建国家的历史文化友谊、共商共建共享的共赢发展、海洋和陆地相辅相成联动发展、全球治理和国际合作的新模式、互联互通的区域网络、经济合作的新动能、民心相通的社会根基、互利互惠的开放发展。可以看出，"一带一路"所倡导的基本内涵更加重视与共建各国一道沟通情谊、提高基础设施建设、推进工业化水平、解决区域发展不平衡的问题。因此，"一带一路"建设对共建国家的政治风险并没有表现出显著的影响。

表5.8 "一带一路"建设对共建国家政治风险的影响

变量	(1)	(2)	(3)	(4)	(5)	(6)
	发达市场		新兴市场		低收入国家	
	Prisk	Prisk	Prisk	Prisk	Prisk	Prisk
BRI	0.309	1.183	-0.019	-0.445	-2.836	-1.894
	(1.938)	(3.236)	(2.306)	(0.882)	(2.251)	(1.349)
控制变量	否	是	否	是	否	是
国家	是	是	是	是	是	是
年份	是	是	是	是	是	是
观测数	257	252	893	874	321	315

注：＊＊＊、＊＊、＊分别表示在1％、5％、10％的水平上显著，括号内为异方差稳健标准误。

5.3 政策协调

国家间的政策协调，有助于减少政策的溢出效应，实现政策的预期效果，切实保障本国的经济金融发展，并有利于增加国际货币体系的稳定性。在没有政策协调的情况下，各国的货币政策、财政政策均主要考虑本国利益，优先实现国内经济目标。但这些政策会通过贸易和资本渠道影响其他国家。这种情况下，各国的国际政策博弈很可能会达到不合作的纳什均衡，即只考虑自身效用最大化，造成全球整体福利水平的降低。而在当前的国际货币体系中，美国等发达经济体是规则的制定者和体系的主导者，它们具有先行制定政策的优势，其他发展中经济体更多的是作为跟随者。根据发达经济体的货币政策最优化本国的货币政策，实际上会形成一个斯塔克伯格博弈，最终均衡下美国等发达经济体会综合考虑其他发展中经济体的反应函数，再以本国利益最大化为原则制定国内货币政策。以2020年各国的货币政策为例，为了应对金融市场的冲击和刺激经济复苏，以美国、欧盟为首的发达经济体使用极度宽松的货币政策刺激经济，发展中经济体只能被动跟随，从而造成了全球流动性泛滥和货币的竞争性贬值，不利于全球经济的恢复和金融的发展。

"一带一路"建设的重点内容和核心保障之一是政策沟通，这也是共建国家实现倡议目标、达到互利共赢的根本前提。共建国家与中国签订共建"一带一路"政府间合作文件只是共建"一带一路"倡议的开端，还需要其他层面和领域的政策协调，以达成经济、贸易、金融、基础设施等多领域的深度合作。事实上，中国政府对与共建国家的政策协调极为重视，不断创新政策的对接方式，积极拓宽政策的对接领域。对不同的国家，以灵活的方式实现政策对接，以更早地共享经济发展成果。双边本币互换协议可以看作政策协调的良好范例。2009 年起，为了便利中国与其他国家的贸易与投资，中国人民银行与其他经济体的货币当局签订了双边本币互换协议。随着"一带一路"倡议的提出与推进，与中国签订双边本币互换协议的国家也逐年增多。

因此在本章中，笔者基于双边本币互换协议，探究了"一带一路"建设对中国和共建国家的政策协调的影响。笔者同样采用等式（5.1）的设置，探究共建"一带一路"是否促进了双边本币互换协议的签订。笔者通过访问中国人民银行的官方网站，手动收集签订协议的具体日期和协议金额，并与其他央行披露的数据做交叉对比。类似于 BRI 变量，笔者构建了 Swap 这一虚拟变量，在其他央行与中国人民银行签订双边本币互换协议当年及以后年份，该变量为 1，否则为 0。由于被解释变量为虚拟变量，笔者同时使用普通最小二乘法（OLS）、逻辑回归模型（Logit）和服从正态分布的非线性模型（Probit）三种估计方式。此外，中国人民银行与其他央行签订这一协议的最早日期为 2009 年，因此本节中笔者将样本区间定为 2009 年至 2019 年。

全样本下三种估计方式的回归结果如表 5.9 所示。列（1）和列（2）分别报告了不加入控制变量和加入控制变量后的 OLS 回归结果，BRI 的系数都在 1% 的水平上显著为正。以列（2）系数为例，签订"一带一路"政府间合作文件后，中国人民银行与共建国家的货币当局签订双边本币互换协议的概率约增加了 0.107。列（3）至列（6）报告了 Logit 模型和 Probit 模型下的回归结果，所报告系数为计算后的边际效应。可以看出，无论是哪种模型设置，BRI 的系数都在 1% 的水平上显著为正，且稳定在 0.15 左右。

表 5.9 "一带一路"建设对政策协调的影响

变量	（1）	（2）	（3）	（4）	（5）	（6）
	OLS	OLS	Logit	Logit	Probit	Porbit
BRI	0.106 ***	0.107 ***	0.149 ***	0.143 ***	0.152 ***	0.147 ***
	(0.019)	(0.019)	(0.023)	(0.020)	(0.023)	(0.021)
控制变量	否	是	否	是	否	是
国家	是	是	是	是	是	是
年份	是	是	是	是	是	是
观测数	1 991	1 867	1 991	1 868	1 991	1 868

注：＊＊＊、＊＊、＊分别表示在1%、5%、10%的水平上显著，括号内为异方差稳健标准误。

政策沟通是"一带一路"的"五通"之首，是"一带一路"建设的重点内容和首要要求。《愿景与行动》明确表明，政策沟通是"一带一路"建设的重要保障，"一带一路"建设在以下几个方面对政策沟通提出了更高的要求。第一，在政府层面建立多层次宽领域的政策沟通协调机制。"一带一路"不仅是一个区域性的合作倡议，也是一个事关全球发展、人类命运共同体的倡议。"一带一路"共建国家的历史沿革、经济发展水平、政治制度、文化传统等方面存在巨大的差异，"一带一路"建设则是要将这些区域居民联系在一起，只有从政府的角度迈出合作的第一步，才能推动各个层级、各个领域、各个行业的协调合作。因此，政策沟通协调机制非常重要。"一带一路"共建国家与中国的协调是"一带一路"政策协调的重要立柱，中国的国际声誉和经济建设经验，有助于团结和凝聚共建各国，回顾历史上的丝路情谊，展望未来区域经济合作的成效。在全球化的历史大趋势下，我们必须要认识到世界多极化、文化多样性、社会多元化是这个时代和历史交融的产物，各个国家之间只有通过更加全面、及时、有制度化的沟通协调，才能在时代的发展中形成合力，共同推动"一带一路"建设。第二，如何破除以邻为壑的狭隘观念，促进政治互信，达成有利于双方、多方的共赢机制和共识。各个国家由于国情不同、历史不同、地理位置不同、外部环境不同，在国家的发展理念、发展模式、发展方向上存在不一致的情况。这种不同是完全正常的，也应该为各方所理解。但是，各国也应该认识到，本国的发展不应该以其他国家的衰败为台阶，应该充分尊重不同国家的历史文化、发展战略、国情，通过充分沟通在思想碰撞和政策协商中找到一致的利益点。借助"一带一路"建设机遇，充分对接共建国家的战略，建立可持续、宽领域的合作机制，挖掘"一带一路"共建国家的市场潜力，提升"一带一路"建设的效能。这种以经济发展为核心点的政策沟通，有助于"一带一路"各方达成共识，共商共建共享"一带一路"的成果。第三，如何与其他国家充分沟通本国的经济战略规划，满足各国需求的"一带一路"建设才能发挥最大的功效。各国的发展阶段不同、国情不同，决定了"一带一路"共建国家对"一带一路"建设的诉求有所差异。这种差异需要政策协调沟通，及时弥补嫌隙。共商共建共享的"一带一路"建设合作机制让参与各方有平等交流对话的平台。只有充分交流各方对"一带一路"建设的实际需求，才能够更好地规划"一带一路"的项目、机制，更好地辐射各国的经济发展，让"一带一路"建设发挥出最大的效果。第四，如何求同存异，协商解决合作中的问题，夯实合作的基础。政策沟通在实际中并不是一件很容易的事情，存在着协调机制、协调成本、协调的可持续性等多重影响因素。中国国家领导人推动元首外交，增强共建各国的沟通交流，促进政治互信，倡导构建人类命运共同体的理念。从我们的实证结果中也可以看出，以双边本币互换协议为基础，"一带一路"建设会极大地提升共建国家与中国签订双边本币互换协议的概率。这表明"一带一路"倡议发出后，"一带一路"共建国家与中国的沟通交流明显增多，沟通成果也取得了初步进展。在此基础上，多边框架和区域合作平台的建设才可以纳入讨论，成为"一带一路"建设中政策协调的体制机制依靠和可持续性、技术性的保障。

同时，"一带一路"建设在促进共建国家政策协调的基础上为金融发展水平的提升铸造了坚实的依靠，在各个维度加强了对共建国家金融发展的促进作用。首先，在基础设施的互联互通方面，"一带一路"建设中资金融通的一个主要作用就是为区域内的大型基础设施建设项目提供资金支持。共建国家的金融发展制度、法律不同，政策沟通保障了金融合作的顺畅进行，共建国家合理分摊建设成本，让资金真正发挥在服务实体经济建设上，而不是冗余的处理协调成本。其次，政策沟通是各国实现金融稳定的重要背书。在经济金融全球化的背景下，一个国家想要完全独立于世界经济，实现本国金融稳定是非常困难的。易纲（2016）提出全球金融安全网应该包括本国的外汇储备、双边本币互换和区域货币合作。金融作为经营风险的部门，具有天生的脆弱性，只有在政策沟通为本国金融发展搭建好坚实依靠的基础上，"一带一路"建设中对金融发展的促进作用才能落到实处。最后，区域政策沟通形成合力，有利于提升本地区在国际舞台上的话语权，使得改革国际金融体系为"一带一路"建设所用。坦诚而言，"一带一路"共建国家由于经济发展水平较为落后，不仅缺少畅通的国际金融市场融资渠道，还缺少国际政治上的话语权，国际金融体系较少地为本地区的发展服务。通过"一带一路"建设中的政策沟通，共建国家能够形成合力，一起代表本区域在国际舞台上发声，国际金融体系的改革也会更加服务于本国、本区域的经济发展。

紧接着，类似于资金可得性和风险水平的研究，笔者根据共建国家的不同发展程度进行分组，采用 OLS 模型分别探究"一带一路"建设对中国与共建国家签订双边本币互换协议的影响，结果如表 5.10 所示。列（1）和列（2）显示了发达市场的回归结果。在不加入控制变量的情况下，BRI 对应系数显著为负；加入控制变量后，该系数不再显著，但转为正。列（3）和列（4）报告了新兴市场样本的回归结果，BRI 对应系数均在 1% 的水平上显著为正，且均为 0.32，即签订"一带一路"合作协议后，中国人民银行与共建国家货币当局签订双边本币互换协议的概率提升了 0.32，具有极强的经济显著性。低收入国家的回归结果则如列（5）和列（6）所示，同样在 1% 的水平上显著为正，只是概率提升略小，仅为 0.07 左右。"一带一路"建设对共建国家政策协调的影响主要体现在新兴市场国家和低收入国家之中，而对发达经济体的影响并不明显。这一结果与前面的资金可得性、风险水平的分析框架相类似，此处不再赘述。需要额外补充的一点是，"一带一路"建设中的政策协调对落实"一带一路"倡议中的具体目标有着不可替代的作用，但是不同的国家类型确实存在着协调难度的不同。虽然"一带一路"建设更多地服务于新兴市场国家和低收入国家，但是只有真正能够对所有类型的国家都有积极的利益和成效，"一带一路"倡议才能真正实现其宏伟目标。

表 5.10　"一带一路"建设对中国与不同发展程度国家政策协调的影响

变量	（1）	（2）	（3）	（4）	（5）	（6）
	发达市场		新兴市场		低收入国家	
	Swap	Swap	Swap	Swap	Swap	Swap
BRI	− 0.116 ***	0.106	0.319 ***	0.318 ***	0.077 ***	0.068 ***
	（0.033）	（0.067）	（0.038）	（0.039）	（0.025）	（0.025）
控制变量	否	是	否	是	否	是
国家	是	是	是	是	是	是
年份	是	是	是	是	是	是
观测数	396	374	869	823	726	671

注：***、**、*分别表示在1%、5%、10%的水平上显著，括号内为异方差稳健标准误。

5.4　小结

本章中，笔者基于"一带一路"倡议的建设重点和共建国家的发展特征，从资金可得性、风险水平以及政策协调三个维度出发，同样使用双重差分模型探究了"一带一路"建设影响共建国家金融发展的机制。

资金可得性的分析结果表明，与中国签订共建"一带一路"政府间合作文件后，中国对共建国家的直接投资存量有显著提升。通过引入"一带一路"倡议与国家特征的交互项，笔者发现对于经济发展程度不高、人力资源禀赋和制度质量欠佳的国家，"一带一路"发挥的作用更为显著。笔者还探究共建"一带一路"对不同发展程度国家的异质性影响，结果显示，共建"一带一路"显著增加了中国对低收入国家的直接投资存量，但减少了对发达市场的直接投资存量，这呼应了笔者在第 4 章中发现的结果，共建"一带一路"通过提升中国对共建国家的直接投资，提升其资金可得性，从而促进其金融发展。

风险水平的实证结果显示，共建"一带一路"主要降低了低收入国家的金融部门风险和经济结构风险，而对发达市场和新兴市场的这两类风险没有显著影响。此外，共建"一带一路"对三类国家的政治风险都没有显著的影响。这一方面验证了"一带一路"建设可以通过降低共建国家风险水平的渠道改善金融发展，另一方面也说明了"一带一路"倡议的本质是一个区域经济合作倡议，不涉及政治因素。

政策协调的实证结果表明，共建"一带一路"显著增加了中国人民银行与共建货币当局签订双边本币互换协议的可能性。这一渠道在新兴市场和低收入国家中同时存在，且对于与新兴市场国家签订双边本币互换协议概率的提升远大于低收入国家。

财政金融支持经济高质量发展书系

第6章
"一带一路"建设与区域金融一体化

作为一个区域经济一体化倡议，"一带一路"的首要目标是提升共建国家经贸合作水平，提升区域经济一体化水平。在《愿景与行动》中，"一带一路"建设的时代背景被简单地勾勒出来，主要有三个方面：第一是在全球层面上。世界经济在国际金融危机后复苏缓慢，各地区、各个国家的发展不均衡特征突出，要改革完善全球治理体系，共同构建人类命运共同体。第二是在区域层面。区域合作共赢需要一个体制机制支撑，从而帮助各国在同一的框架和技术背景下进行交流合作，形成发展共赢。第三是在中国国家层面。中国经历了40多年的改革开放，进一步的高水平对外开放需要寻找一个着力点，"一带一路"正是一个加强中国与世界各国合作的契机。近年来，在共建"一带一路"倡议的推动下，诸多重大工程项目稳步推进，共建国家基础设施的联通水平显著提升，在陆海空以及网络四个维度的互联互通更为便利，极大地促进了共建国家的经济合作和贸易往来。值得注意的是，"一带一路"倡议并不是抛弃原有的基础设施联通规划，而是与各区域基础设施规划相对接，从而在更广阔的层面形成互联互通。"一带一路"倡议对亚欧大陆一体化的推动作用尤为显著。中国积极与该区域内已有的各类多边合作组织的发展战略进行有序对接，如上海合作组织、中国—东盟"10＋1"、亚洲太平洋经济合作组织、中国—中东欧"16＋1"合作机制等，在更大范围内打造区域一体化。

本章将区域一体化的重点放在了金融领域，主要从推动人民币国际化进程、深化资金融通合作、促进金融市场互联互通三个角度，探究了"一带一路"倡议是否实际上发挥了提升区域金融一体化的作用。"一带一路"建设背景下，共建各国共商共建共享发展的成果，在众多领域、多个维度展开了全方位、宽领域、广覆盖、强联系的交流合作。在"一带一路"建设过程中，共建国家的金融发展和金融稳定能力得到提升，金融一体化程度也得以增强，这在一定程度上体现出了中国以积极主动的姿态参与和促进国际宏观经济政策协调的能力与贡献，也反映出"一带一路"共建国家对"一带一路"倡议的认可和支持。

6.1 推动人民币国际化进程

提及区域经济金融一体化，首先浮现于脑海的往往就是货币。中国在世界经济中的地位日益重要，其所使用的人民币是否能够成为主要的区域货币乃至国际货币成为学者们热议的话题。但是一系列研究认为，支撑一个货币成为国际货币有三个维度的内容，第一是用于投资和储蓄的价值贮藏，第二是用于换取实际产品和用于结算的交换功能，第三是用于对产品和服务的价值进行标记的记账单位（Krugman，1984）。从这三个角度来看，人民币是否已经成为国际货币，大部分人给出的答案是否定的（Subramanian and Kessler，2013；Kawai and Potines，2016）。而不可忽视的一点是，人民币在国际贸易、国际投资、金融交易中的使用越来越多，人民币也成为国际货币体系中重要的储备货币。在中国经济健康稳定发展下，中国产品出口和投资规模逐渐增长，人民币在"一带一路"建设参与国的认可度大为提升，为人民币国际化进程的推动提供了难得契机。"人民币区"的形成乃至人民币货币锚作用的发挥有利于促进共建国家贸易和投资便利化，降低交易成本，稳定项目投融资的市场预期，减少汇率损失，增强其抵御金融风险的能力。人民币在"一带一路"共建国家中发挥货币锚作用、进一步推动国际化进程具有现实的需要和基础。在60多个共建国家中，超过80%的国家都实行管理汇率制度，保持汇率稳定是有关国家亟待解决的难题。中国有长期丰富的汇率管理实践，人民币汇率稳定性较强，具备一定的"避险"属性。"一带一路"区域内发挥人民币的锚作用、推动人民币国际化进程，可对共建国家汇率稳定起到显著的积极作用，并使之更好地分享中国经济发展的正面溢出效应。正如何等（He et al.，2021）提出的，在一个区域中，各国更加倾向于使用区域内的本币进行交易、计价和结算，因为使用区域内的本币能够在交易成本一定的情况下更好地服务本区域的经济发展，抵御来自外部的冲击。因此，本小节使用川井和波廷斯（Kawai and Potines，2016）的方法测算了人民币在共建国家中起到的货币锚作用，以数据阐释"一带一路"倡议与人民币国际化的紧密联系。

从表6.1中的结果可以看出，"一带一路"建设对于人民币国际化的推进有积极的影响，这种影响可体现在人民币在发达市场、新兴市场和低收入国家全部样本中所发挥的货币锚作用。以发达经济体为例，在控制其他因素后，"一带一路"政府间合作文件签订后，共建国家汇率锚定人民币的程度提升了0.102，这个结果在1%的水平上显著。人民币在"一带一路"建设过程中锚定效应提升，并且该效应体现在发达经济体、新兴市场国家和低收入国家等各

表6.1 "一带一路"建设与人民币在共建国家中发挥货币锚作用

变量	(1)	(2)	(3)	(4)	(5)	(6)
	发达市场		新兴市场		低收入国家	
	Icomove	Icomove	Icomove	Icomove	Icomove	Icomove
BRI	0.068	0.102 ***	0.031 ***	0.034 ***	0.032 **	0.032 **
	(0.042)	(0.038)	(0.009)	(0.010)	(0.015)	(0.016)
控制变量	否	是	否	是	否	是
国家	是	是	是	是	是	是
年份	是	是	是	是	是	是
观测数	168	168	602	585	126	126

注：***、**、*分别表示在1%、5%、10%的水平上显著，括号内为异方差稳健标准误。

个国家群体中，这一方面是由人民币国际地位的提升所带来的，另一方面也是因为"一带一路"共建国家与中国的经济金融联系更加紧密，在包括基础设施建设、能源资源、制造业在内的诸多相关领域所需的金融支持催生了对人民币更广泛的需求，有助于通过人民币在"一带一路"区域内发挥货币锚作用加速人民币国际化进程。首先从人民币国际化的水平来看。根据环球同业银行金融电信协会（SWIFT）的统计，2024年，人民币在国际支付中的份额超过4%，并持续维持上涨的势头。在2016年人民币纳入SDR之后，人民币在全球官方外汇储备资产中的占比稳步提升，已经超过2%。根据中国人民大学国际货币研究所编制的《人民币国际化报告》，人民币在经历了2015—2017年的短暂波动期后，开始走出低谷，不断提升国际化水平，人民币国际化指数（RII）稳定在3以上，并在最高点超过5。全球贸易中人民币结算的占比也超过2%，并且这一比例在我国进出口贸易中占比超过16%。"上海金"、人民币铁矿石期货、人民币原油期货等相继挂牌交易，人民币在大宗商品的计价领域也开始崭露头角。其次从"一带一路"共建国家与中国的经济金融联系上看。作为世界上重要的进出口贸易国、直接投资的来源国和全球最大的金融交易市场之一，中国在"一带一路"建设中的作用举足轻重。通过中国将其优势产能更好地匹配到"一带一路"共建地区，共建国家的基础设施质量得到改善，国家的经济增长动能进一步增强，中国也从项目中收获了期待的收益。这种项目不断累积，让中国和"一带一路"共建各国的联系更加密切，人才沟通、贸易畅通、金融联通等理念进一步得到落实。由于共建国家与中国的交流日益密切，以人民币或双边货币进行大宗商品计价交易与结算的需求高涨，尤其是在当前美元汇率波动加大，俄罗斯、沙特、伊朗等国愿意在对外原油结算交易中使用人民币的背景下，共建国家的货币定价趋于考虑人民币因素，推动了人民币货币锚作用的发挥及其国际化水平的提升。

同样地，笔者报告了异质性的结果，包括"陆上丝绸之路"和"海上丝绸之路"国家、不同收入水平国家、不同制度水平国家，探究"一带一路"建设对共建国家与人民币联动关系的异质性影响。总体而言，异质性主要表现在收入水平和制度水平上。收入水平和制度水平更高的国家，"一带一路"合作对于人民币国际化有更显著的作用。这实际上与表 6.1 中的结果也有对应，发达经济体对应的系数在绝对值上更大。这可能与汇率制度的选择有关，部分发达经济体和新兴市场国家更多地选择中间汇率制度，即在保持灵活性的同时参考一篮子货币汇率变动。对于这类国家而言，在其货币篮子中加入某种国际货币（人民币）的成本较小。对于部分低收入国家，由于管理通胀和稳定信心等需要，其通常会选择盯住美元、欧元等国际货币，在此情形下，其汇率不易完全或是部分锚定人民币。

6.2　深化资金融通合作

"一带一路"建设参与国资源禀赋和产业结构互补性较强，将投资与贸易有机结合，推进经贸产业合作区建设，促进产能合作和经贸合作，实现资金融通，可以将经济互补性有效转化为经济推动力。资金融通作为"一带一路"合作重点之一，是"一带一路"建设的重要支撑。根据《愿景与行动》，资金融通一方面通过鼓励对话、壮大投融资机构、促进跨境资金流通等方式深化金融合作，另一方面通过在区域内建立高效监管协调机制、规范投融资环境、加强机构间的跨境交流与合作等加强金融稳定，形成应对跨境风险和危机处置制度安排。深化金融合作与加强金融稳定的资金融通安排，契合了"促进经济要素有序自由流动、资源高效配置和市场深度融合，推动共建各国实现经济政策协调"的目标，也意味着共建国家更加紧密地全方位融入全球金融市场，各国经济周期的协同联动与政策定位密切关联。

本节从"一带一路"共建各国通货膨胀率的趋同性与货币政策利率的相似度来论述共建各国资金融通的具体表现。首先，笔者使用共建国家与中国通货膨胀率差的绝对值度量共建国家的通货膨胀水平趋同的程度，差的绝对值越小，通货膨胀的趋同程度越高，并同样使用式（4.1）探究了共建国家政府与中国签订"一带一路"政府间合作文件后对其通货膨胀趋同程度的影响，结果如表6.2所示。列（1）和列（2）分别报告了不加入控制变量和加入控制变量的情况下，共建"一带一路"对发达市场通货膨胀趋同程度的影响。结果显示，在不加入控制变量的情况下，BRI对应的系数在5%的水平上显著为负，但加入控制变量后不再显著。这表明"一带一路"对该样本实质上没有显著的影响。同样地，对于新兴市场国家，共建"一带一路"对于该样本通货膨胀的趋同程度也没有显著的影响。而对于低收入国家，笔者在加入控制变量后发现显著的负向影响，系数为－0.005。虽然在不加入控制变量时系数不显著，但仍为负。这表明共建低收入国家与中国签订"一带一路"政府间合作文件后，通货膨胀率之差显著下降。之所以对低收入国家更为显著，笔者认为这可能是由于其贸易依赖度更高，产品进口结构更为单一，因此通过共建各国间的贸易往来与供应链分工渠道的传导机制更为显著。

表6.2 "一带一路"建设与共建国家通货膨胀趋同程度

变量	(1)	(2)	(3)	(4)	(5)	(6)
	发达市场		新兴市场		低收入国家	
	Inflation	Inflation	Inflation	Inflation	Inflation	Inflation
BRI	－0.005 **	0.002	4.350	5.192	－0.004	－0.005 *
	(0.002)	(0.001)	(3.493)	(4.016)	(0.012)	(0.003)
控制变量	否	是	否	是	否	是
国家	是	是	是	是	是	是
年份	是	是	是	是	是	是
观测数	648	612	1 410	1 352	1 176	1 096

注：***、**、*分别表示在1%、5%、10%的水平上显著，括号内为异方差稳健标准误。

同样地，三类分组回归的结果表明，"一带一路"对共建国家通货膨胀趋同程度的提升主要表现在低收入组和低制度水平组国家。正如笔者对表6.2的解释，这类国家的经济发展水平和制度水平更差，通常国内产业链也不齐全，在加入"一带一路"后其贸易依赖度高，特别是进口依赖度更高，其物价的通货膨胀水平更易表现出趋同态势。

接下来，笔者使用共建国家与中国三种利率差的绝对值测算了共建国家货币政策利率的相似度，差的绝对值越小，其货币政策利率的相似度越高。同样地，基于双重差分模型和控制变量，笔者探究了"一带一路"共建国家三种利率差的绝对值。

首先，表6.3报告了存款利率相似性的结果。采用同样的分组方式，列（1）和列（2），列（3）和列（4）以及列（5）和列（6）分别对应不加入和加入控制变量的情况下发达市场、新兴市场和低收入国家的回归结果。结果显示，加入控制变量后，共建"一带一路"对于发达市场、新兴市场以及低收入国家和中国的存款利率差都有显著的负向影响，对应系数分别为 - 0.461，- 1.601和 - 0.883，表明不同发展程度的国家与中国签订"一带一路"政府间合作文件后，存款利率相似性提升了0.461，1.601和0.883，分别对应0.48，0.31和0.23个标准差，即共建"一带一路"对于存款利率相似性的提升不仅具有统计显著性，同时也具有经济显著性。

表6.3　"一带一路"建设与共建国家存款利率的相似性

变量	(1)	(2)	(3)	(4)	(5)	(6)
	发达市场		新兴市场		低收入国家	
	Deposit	Deposit	Deposit	Deposit	Deposit	Deposit
BRI	- 0.213	- 0.461 ***	- 0.329	- 1.601 ***	- 0.022	- 0.883 **
	(0.180)	(0.125)	(0.395)	(0.292)	(0.461)	(0.404)
控制变量	否	是	否	是	否	是
国家	是	是	是	是	是	是
年份	是	是	是	是	是	是
观测数	217	199	1 199	1 152	912	854

注：＊＊＊、＊＊、＊分别表示在1%、5%、10%的水平上显著，括号内为异方差稳健标准误。

其次，表6.4报告了"一带一路"共建国家与中国贷款利率差的绝对值。在不加入控制变量的情况下，共建"一带一路"对发达市场和新兴市场与中国的贷款利率相似性都有显著负向影响，但与存款利率相似性不同的是，加入控制变量后，BRI对应的系数都不再显著，而此时低收入国家样本BRI对应的系数在1%的水平上显著为负，系数为 - 4.101，表明共建低收入国家与中国签订"一带一路"政府间合作文件后，贷款利率相似性提升了4.101，对应0.45个标准差。发达市场、新兴市场与低收入国家的差异可能是由于国内贷款资金的来源不同，发达市场和新兴市场的金融体系相对发达，资金通常能够自给自足，而低收入国家则需要其他国际金融机构以及国际金融组织的支持。

在"一带一路"倡议提出后，中国的金融机构为"一带一路"共建国家提供了大量的贷款资金支持，这类资金的贷款利率和中国国内的贷款利率有很大的相关性，这也导致了共建"一带一路"后，低收入国家贷款利率的相似性显著提升。

表 6.4 "一带一路"建设与共建国家贷款利率的相似性

变量	（1）	（2）	（3）	（4）	（5）	（6）
	发达市场		新兴市场		低收入国家	
	Lending	Lending	Lending	Lending	Lending	Lending
BRI	− 0.998 ***	− 0.052	− 2.306 ***	− 0.109	− 1.767	− 4.101 ***
	（0.340）	（0.263）	（0.486）	（0.351）	（1.147）	（1.161）
控制变量	否	是	否	是	否	是
国家	是	是	是	是	是	是
年份	是	是	是	是	是	是
观测数	279	261	1 140	1 092	833	783

注：***、**、*分别表示在1%、5%、10%的水平上显著，括号内为异方差稳健标准误。

最后，笔者在表6.5中报告了共建"一带一路"对共建国家与中国实际利率差的绝对值的影响。该结果与存款利率相似性的结果一致，在加入控制变量的情况下，发达市场、新兴市场、低收入国家实际利率的相似性在签订"一带一路"合作文件后显著提升，分别提升了0.594，1.971和2.662，对应0.26，0.27和0.32个标准差。以上结果从三个利率维度表明，"一带一路"共建国家货币政策利率呈现明显的相似性。

表 6.5 "一带一路"建设与共建国家实际利率的相似性

变量	（1）	（2）	（3）	（4）	（5）	（6）
	发达市场		新兴市场		低收入国家	
	Real	Real	Real	Real	Real	Real
BRI	− 0.373	− 0.594 *	− 2.030 ***	− 1.971 ***	− 1.608	− 2.662 **
	（0.464）	（0.336）	（0.491）	（0.487）	（1.126）	（1.146）
控制变量	否	是	否	是	否	是
国家	是	是	是	是	是	是
年份	是	是	是	是	是	是
观测数	279	261	1 135	1 087	833	783

注：***、**、*分别表示在1%、5%、10%的水平上显著，括号内为异方差稳健标准误。

总体而言，"一带一路"的影响在不同组别中类似，添加控制变量后"一带一路"都显著降低了共建国家实际利率的差，只是低收入组国家和低制度水平国家对应的回归系数的绝对值相对更大，这与表6.5的结果一致，在一定程度上说明了共建各国政策定位密切关联。

通过深化资金融通合作，"一带一路"共建国家之间可以形成良好的经济协同互动，凝聚起金融合力，共同发展繁荣，同时也能形成政策协调合作机制，共同抵御贸易保护主义和封闭的地区主义，增强自身竞争能力、开放监管能力、风险防控能力，更好地推动"一带一路"倡议中共商共建共享原则的落实。

6.3 促进金融市场互联互通

金融市场是各国金融部门的两个重要组成部分之一，在全球经济金融一体化的浪潮下，金融市场开始呈现出同向波动的趋势，这种现象在2020年新冠疫情期间更为明显。一方面，金融市场是国民经济的晴雨表，各国经济贸易的紧密联系会体现在金融市场的联动性上。各个国家之间的经济合作、协同发展、相互渗透和融合，使得各经济主体间产生了较强的互相依赖性，而金融市场作为经济和市场主体运行的反映，也在价格序列和波动上体现了这种相互依赖性。另一方面，随着各国资本账户的逐步开放和金融市场的有序建构，特别是新兴市场国家还具有大量的投资机会，跨境资本大量涌入投资新兴市场国家，也提升了新兴市场国家金融市场和全球金融市场的联动性。"一带一路"政府间合作文件签订后，我国与共建国家，尤其是与低收入国家的经济贸易联系日益紧密，也有助于增强金融市场的联动性。

本节中，笔者使用共建国家与中国的日度股票指数收益率的年度相关系数（Market）度量了共建国家金融市场的互联互通，相关系数越大，则说明金融市场的联动性水平越高。同样地，笔者使用双重差分模型探究了与中国签订"一带一路"政府间合作文件对金融市场联动性的影响。结果如表6.6所示，表现出了极强的异质性。以加入控制变量后的结果为例，在发达市场中，签订"一带一路"政府间合作文件后，其金融市场的联动性并没有显著变化，这与前文的发现一致，由于发达市场自身金融发展程度已经较高，"一带一路"对金融市场的表现并没有显著影响。同样地，其对于发达市场金融市场的联动性也没有显著影响。在新兴市场样本中，即使在10%的水平下，共建"一带一路"对共建国家金融市场的联动性也没有显著的影响。

表6.6 "一带一路"建设与共建国家金融市场互联互通

变量	（1）	（2）	（3）	（4）	（5）	（6）
	发达市场		新兴市场		低收入国家	
	Market	Market	Market	Market	Market	Market
BRI	0.002	0.003	0.001	0.002	0.098 *	0.118 **
	(0.050)	(0.041)	(0.010)	(0.012)	(0.062)	(0.054)
控制变量	否	是	否	是	否	是
国家	是	是	是	是	是	是
年份	是	是	是	是	是	是
观测数	636	608	700	686	668	668

对于低收入国家样本，笔者则发现了不同的结果。本书第4章以及第5章5.1节的结论已然表明，"一带一路"倡议主要提升了新兴国家和低收入国家的金融发展水平以及中国对低收入国家的直接投资存量。在这部分，回归结果进一步表明，共建"一带一路"在5%的水平上表现出显著的正向影响，签订相关合作协议后，共建国家金融市场的联动性提升了0.118。区域金融市场的联动性是区域金融一体化的重要表现，为什么金融市场走势在各国之间存在联动，不同学者从不同角度给出了不同的答案，包括宏观经济政策、经济结构相似、文化传统相近、有直接的业务往来等。"一带一路"建设带来共建国家的金融市场走势趋近也可以从多个方面进行讨论。第一，"一带一路"共建国家的经济贸易联系较多，"一带一路"建设中的基础设施联通和众多共商共建共享的项目进一步拉近了共建国家的联系。联系更加密切因而在经济上休戚与共，这也会反映在金融市场之中，无论是从市场预期、微观主体参与的角度，还是经济结构、监管政策的角度，都会带来金融市场的联动。第二，"一带一路"共建国家与中国在历史上是睦邻友好的邻邦，历史上的兴亡与共更是强化了共建各国的认同感和归属感。卢西和张（Lucey and Zhang, 2010）曾讨论了文化联系是两个国家金融市场联动的重要因素，文化背景相似不仅意味着两个国家金融市场的投资者有着对追涨杀跌、投机交易相似的认知，交易型投资者和配置型投资者的比重相当，也会影响到来本国金融市场进行融资交易的企业的特质，这些企业也更加相似，因而在金融市场的表现也会趋于一致。第三，"一带一路"建设过程强化了共建国家的宏观经济政策协调和

经济结构的相似性。金融市场运行背后的宏观经济和监管因素是学者讨论的重点，也被认为是导致金融市场走势高度相关的最重要的解释变量。"一带一路"建设的过程中，共建国家的政策沟通及时、高效、可持续，在多个层次、多个维度、多个领域进行了充分的交流讨论，形成了更加一致的宏观经济政策，并且在宏观经济政策的制定中相互配置，不搞以邻为壑，共同抵御区域外的金融冲击。在经济结构上，"一带一路"带来的产业发展机会帮助共建各国更好地发掘本国的比较优势产业，从而在区域产业链中找准自身的定位。借助"一带一路"建设形成的区域产业链提升本国产业的竞争力，从而更有利于在经济结构上的进退一致，形成了更加一致的金融市场波动走势。

对于低收入水平和低制度水平国家，共建"一带一路"对其金融市场的联动性有显著的提升作用。而对高收入水平和高制度水平国家，"一带一路"合作则没有显著的影响。

6.4　小结

本节中，笔者基于经济金融全球化的背景，从推动人民币国际化进程、深化资金融通合作、促进金融市场互联互通三个角度出发，探究了"一带一路"建设对区域金融一体化的影响。

"一带一路"建设与推动人民币国际化进程的分析结果表明，"一带一路"政府间合作文件的签订，无论是在发达经济体，还是新兴市场国家、低收入国家，人民币发挥货币锚作用、实现人民币国际化功效的程度均显著提升。这表明随着人民币国际化地位的提升，人民币被更多的国家所认可。特别地，在"一带一路"区域内，共商共建"一带一路"加深了中国与共建国家的货币金融合作，人民币国际化的稳步推进不仅有利于本国企业的对外贸易，也客观上促进了"一带一路"区域金融一体化程度的提升。

"一带一路"建设与深化资金融通合作的分析结果表明，"一带一路"共建国家正在更加紧密地全方位融入全球金融市场，各国经济周期的协同联动与政策定位密切关联。其中，由于共建低收入国家的贸易依赖度更高，产品进口结构更为单一，且在"一带一路"倡议提出后获得了来自中国大量的贷款资金支持，因而此类国家表现出更为明显的通货膨胀率的趋同态势和货币政策贷款利率的相似性。

"一带一路"建设与促进金融市场互联互通的实证结果表明,"一带一路"合作对金融市场互联互通的提升主要表现在低收入国家。各国金融市场的互联互通是区域金融一体化的重要表现之一。目前"一带一路"建设已经初步显现了区域金融一体化的趋势,低收入国家的金融市场波动趋于相似,这主要是源于"一带一路"建设带来的宏观经济政策协调、直接的贸易和金融联系,以及共同的历史文化传统。

财政金融支持经济高质量发展书系

第7章
"一带一路"建设与国际协调

7.1 研究背景

"一带一路"倡议提出的大背景是 2008 年国际金融危机冲击了原有的经济秩序。全球经济衰退，复苏缓慢，传统上以美国、欧盟为首的发达经济体所主导的全球治理模式越来越不符合世界经济形势的发展，发展中经济体的利益诉求难以得到回复和满足。在此背景下，中国作为最大的发展中经济体，提出"一带一路"倡议，搭建区域经济合作的新平台，与共建国家共商共建共享经济发展成果。

新冠疫情再一次冲击了全球经济秩序，造成了全球范围的经济震荡，给各国经济发展和金融市场造成严重的打击。除中国外，2020 年全球各主要经济体 GDP 都同比下降，美国 GDP 同比下降 2.3%。为了应对新冠疫情的冲击，各国政府开始携起手，进行国际政策协调，以求协同刺激经济增长。但现有的国际政策协调机制主要由美国及欧盟等发达经济体主导，发展中经济体要么诉求无法得到有效满足，要么直接被排除在外。因此，有必要在"一带一路"倡议下推动国际政策协调，助力"一带一路"共建经济体的经济恢复，发挥发展中经济体作为世界经济恢复和增长的新引擎作用。

货币政策和财政政策等的国际协调在国际贸易和投资中发挥着重要的作用。这样的区域合作不仅可以抵御和预防未来的危机，还可以促进区域经济一体化，提高区域经济体的国际竞争力，从而促进各国经济的稳定增长。因此，"一带一路"共建国家可以通过加强货币和财政政策合作关系，构建稳定的宏观制度环境，为微观企业提供便利，提高吸引外国和国内投资的能力。从长远来看，通过合理的货币政策和财政政策协调和安排，可以促进共建国家生产要素的高效流转，提高经济竞争力，并加快融入全球化市场的进程。因此，在共建"一带一路"的框架下，共建国家有潜力在现有的国际政策协调机制之外，创建一种全新的国际政策协调机制。

但受限于现实因素，"一带一路"共建国家间的国际政策协调有诸多内在风险。从国际大背景来看，当今世界正在经历着百年未有之大变局，表现为世界经济发展正处于深刻调整期，运行风险和不确定性显著上升。新冠疫情更是冲击了全球产业链、供应链，加剧了南北差距、复苏分化、发展断层、技术鸿沟等问题。"一带一路"地理范围广，共建国家众多且异质性较强，统一性政策协调难度大。从国内来看，我国经济已由高速增长阶段转向高质量发展阶段，需要在强化开放合作的基础上更加紧密地同世界经济联系互动，解决国内产能过剩，积极开拓出口市场，从而提升国内大循环的效率和水平。

7.2　国际协调概述

简单来说，国际政策协调就是各国在制定国内政策时，不仅只考虑本国的经济现实，同时也考虑政策的溢出效应，通过国家间的磋商与交流共同制定货币政策和财政政策等宏观经济政策。因此其既可以是保证本国经济健康的简单承诺，也可以是对具体经济指标进行限制的有约束力的国际公约。笔者将国际政策的协调按照协商平台和程度的不同从低到高分为三类。

一是国际组织层面的政策协调，主要是指各类松散的国际组织，如国际货币基金组织（IMF）、世界银行（WB）、经济合作与发展组织（OECD）等。各国政府仅向国际组织传递和交流本国宏观经济政策的基本信息，并了解其他国家宏观经济政策的基本信息，也会听取来自这些国际组织的政策建议。但这些建议并没有任何实质性的约束，因此不存在具体宏观政策目标、工具及执行间的协调。

二是国际峰会层面的政策协调，主要是指七国集团（G7）、二十国集团（G20）等国家集团峰会。各国会在国际峰会召开时就具体的经济情况进行宏观经济政策的协调磋商，探讨货币政策和财政政策应对措施。但这类峰会通常只关心近期的经济情况，因此各国政府也不会作出长期承诺，而是达成短期具体的国际政策协调安排。

三是超主权国际机构下的政策协调，主要是指欧盟、东南亚国家联盟这类具有超主权约束力的国际机构。依托于国际公约的限制，超主权国际机构能够对其成员国设定明确的共同经济目标，实施有效的监督措施，从而使各成员组以特定的经济指标作为货币政策和财政政策协调的共同目标，甚至可以构建统一的货币政策决策机构（欧洲中央银行）。

在30多年前，国际政策协调曾经短暂地达到过顶峰，具体而言是 G7 领导人共同提出的一系列倡议和举措。首先是 1978 年的波恩会议，在那次会议上，G7 领导人同意磋商合作采取通货再膨胀政策，以帮助全球经济从 1974 年至

1975 年的衰退中复苏；然后是 1985 年达成的《广场协议》，五国集团的部长
们同意合作压低高估的美元；之后是 1986 年的东京领导人峰会，各国领导人
达成协议共同监测一系列经济指标；最后是 1987 年 G7 国家的部长们在卢浮宫
达成一项协议，试图为新近贬值的美元设定一个下限。各类学术研究通过博弈
论等工具为国际政策协调提供了理论支持。然而，就后续实际来看，国际政策
协调并没有达到预期的效果，至少损害了部分国家的利益，因此逐渐不受重
视。对于 20 世纪 70 年代末饱受通货膨胀困扰的德国而言，通货再膨胀政策并
不是一个良好的选择。《广场协议》更是使日元兑美元一路升值，最后催生出
严重的经济泡沫，日本经济陷入"失落的十年"。同时，G7 把众多发展中经
济体排除在外，随着中国和其他发展中经济体在全球经济中发挥越来越重要的
作用，这一峰会所做出的协调安排势必影响有限。

受 20 世纪 90 年代末亚洲金融危机和 2008 年国际金融危机的影响，国际
政策协调的重要性又得到凸显。1999 年，20 个经济体的财政部长和中央银行
行长汇聚一堂，讨论如何应对和避免东亚和其他新兴市场的货币危机，这也是
G20 的缘起。通过在 G7 的基础上扩大会议成员国范围，将一些较大的新兴市
场国家纳入其中，该峰会所达成的安排具有了更强的影响力。为了应对 2008
年国际金融危机以及随之而来的全球经济衰退，G20 从部长级峰会提升到了领
导人峰会，并商定 2009 年后每年都举行一次峰会。

7.2.1 货币政策协调

货币政策协调主要是指不同经济体的中央银行或其他货币当局，通过一定
的协调机制，联合采取措施，同时干预本国的利率、汇率等货币政策工具，以
减少货币政策的溢出效应，实现多经济体下的多政策目标最优。相较于每个经
济体单独考虑自身的最优货币政策，货币政策协调能够在实现货币政策目标时
有效避免全球货币的竞争性贬值问题。

7.2.1.1 货币政策协调理论

然而，货币政策协调不能总是达成，双方总是希望对方保持货币政策不
变，而本国采用最适合本国经济周期的货币政策，即在经济下行时实施信贷宽
松、降低利率等扩张性政策刺激经济复苏，在经济过热时通过紧缩信贷、提升
利率等紧缩性政策减少经济泡沫。根据经典的博弈理论，如果平等的两国进行
货币政策博弈，在简单的单次博弈中，平等的两国都在给定对方决策的情况下

最优化自身决策，并同时作出货币政策决策。以经济紧缩时为例，双边的博弈情况如表7.1所示，最终的博弈结果只能实现纳什均衡，即双方都采取过度的扩张性货币政策，造成全球货币体系的竞争性贬值，整体福利水平远不如合作均衡——双方都采取适度扩张性政策时的福利水平。

表7.1　经济紧缩时平等两国的货币政策博弈

项目	本国实施适度扩张性政策	本国实施过度扩张性政策
外国实施适度扩张性政策	合作：达成实质上的货币政策协调，有助于双方经济缓慢复苏，双边福利最大化	本国经济迅速复苏，外国汇率、贸易和金融市场承压，外国利益受损
外国实施过度扩张性政策	外国经济迅速复苏，本国汇率、贸易和金融市场承压，本国利益受损	不合作：双方经济缓慢复苏，但双方货币开始竞争性贬值，货币政策有效性都被削弱，全球通胀快速上行

　　在真实的世界经济中，各国之间的经济实力和对国际秩序的影响力并不总是对等的，国际货币体系和治理结构主要由美国、欧盟等发达经济体主导。因此，现实世界中的货币政策博弈更类似于斯塔克伯格模型，即区分行动的先后。发达经济体先做出货币政策决策，发展中经济体再根据发达经济体的货币政策最优化自身货币政策决策。值得注意的是，发达经济体在制定自身货币政策时已经充分了解并预期到发展中经济体的反应函数，因此实际上是以发展中经济体的反应函数为约束的效用最大化决策，此时博弈均衡的结果就是斯塔克伯格均衡。由于发达经济体在其中占据主导地位，并以自身利益最大化为决策原则，该均衡的整体福利水平也不及合作均衡时整体的福利水平（何青等，2021）。

7.2.1.2　货币政策协调经验

　　就2020年应对新冠疫情的货币政策实践来看，美国在制定货币政策时，以稳定资本市场信心、刺激本国经济增长为核心目标。特别是2020年3月期间，俄罗斯与沙特阿拉伯之间的石油价格战造成国际油价短期内大幅下跌，叠加新冠疫情在全球范围内的暴发，引起全球金融市场巨震。2020年3月9日至18日期间，美国股市10天内4次熔断，市场出现美元流动性危机。为恢复投资者信心，刺激经济增长，美联储开始推出一系列常规和非常规的货币宽松政策，详见表7.2。主要的政策节点有三个。3月3日，美联储宣布调低联邦基金利率目标区间50个基点；3月15日，美联储再次召开联邦公开市场委员会会议，将联邦基金利率目标区间下调100个基点，至0~0.25%的区间，将存款准备金降低到零，并启动了总额 7 000 亿美元的量化宽松计划，以压低长端利率；3 月 23 日，美联储又宣称将根据实际需要购买美国国债和抵押贷款支持证券，不设额度上限，即无限量的量化宽松计划。此外，美联储还与美国财政部合作推出一些全新的货币政策工具，包括直接购买公司债、向中小企业放贷等。

表 7.2 2020 年 3 月至 4 月美国应对新冠疫情的主要货币政策

时点	工具	政策
3 月 3 日	联邦基金利率	调低 50 个基点
	超额准备金率	调低 50 个基点
3 月 15 日	联邦基金利率	调低 100 个基点
	量化宽松计划	总额 7 000 亿美元的购买计划
	存款准备金	降低到零
3 月 17 日	一级交易商信贷工具（PDCF）	不设限
	商业票据融资工具（CPFF）	不设限
3 月 18 日	货币市场共同基金流动性工具（MMLF）	不设限
3 月 23 日	量化宽松计划	不限量按买入美债和机构住房抵押贷款支持证券
3 月 20 日	美元互换	重启并提升货币互换额度
4 月 9 日	一级和二级市场公司信贷融资工具（PMCCF/SMCCF）	7 500 亿美元
	定期资产支持证券贷款工具（TALF）	1 000 亿美元
	大众企业贷款计划（MSLP）	6 000 亿美元
	市政流动性工具（MLF）	5 000 亿美元

数据来源：美国联邦储备系统官网。

这一系列极度宽松的货币政策迅速缓解了美元短期的流动性危机，波动率指数（VIX）显著回落，美国股市更是在震荡中不断走高，走出牛市行情。但与之相伴的是，美联储的资产规模迅速扩张，超过美联储过去四轮量化宽松的扩张规模，达到历史峰值。

美联储这一极度宽松的货币政策影响了其他发达经济体。欧洲中央银行在 2020 年 3 月 18 日宣布总额 7 500 亿欧元的疫情紧急资产购买计划，通过购入私人部门和公共部门债券，为金融市场、实体企业以及政府部门提供流动性支持。2020 年 6 月 4 日，欧洲中央银行又将该资产购买计划的总额度提升到 1.35

万亿欧元。英国、日本、澳大利亚等其他发达经济体的中央银行同样也采取了较为宽松的货币政策。

作为国际货币体系中的先行者，发达经济体极为宽松的货币政策限制了发展中经济体的选择，后者被迫接受发达经济体的宽松货币政策冲击并采取类似强度的货币政策。总体而言，疫情冲击下发达经济体以本国经济增长为首要目标，实施极度宽松的货币政策，以稳定本国金融市场并刺激经济增长，发展中经济体被迫采取类似强度的宽松政策，国际货币体系滑向竞争性贬值的边缘。

7.2.2 财政政策协调

在应对新冠疫情的冲击时，货币政策国际协调独木难支，甚至有造成全球货币竞争性贬值的风险，此时财政政策国际协调的重要性得到进一步凸显。在2020年利雅得新冠疫情特别峰会上，为了协同抗击新冠疫情，助力经济复苏，各国政府携起手来，制定了《二十国集团应对新冠疫情行动计划》，向全球经济注入5万亿美元。

相较于货币政策协调，财政政策协调难度更大。首先，财政政策时滞严重、效果难以评估。货币政策协调主要使用汇率干预、货币刺激等政策工具，通过市场价格的变化传递到微观主体；然而财政政策发挥效果时期长，从开始实施到实体经济和微观主体完全吸收政策效果，时间跨度可能长达一年，这也导致难以及时评估财政政策协调效果，从而打击了各国政策协调的积极性。其次，财政政策是主权的主要象征，独立性较差。通常中央银行相对独立，拥有较高的自主性，因此也容易达成货币政策协调，而财政政策受限于政府部门和立法机关，其目标和工具的变更需要较长的工作流程，难以及时协调。最后，各国的财政政策目标可能有较大差异。通常而言，货币政策的目标主要是控制通胀，部分国家也会考虑刺激金融增长，而财政政策目标则可能有较大差异，而且各国财政政策目标也处于动态调整中，这增加了财政政策国际协调的难度。即使有上述的诸多困难，财政政策协调在国际经济调控中仍然发挥着重要的作用，是货币政策协调的有效补充。

具体而言，参考弗兰克尔（Frankel，2016）的做法，根据财政政策协调的方向，其可以分为两类模式：一是在经济平稳运行时期，各国主要以消解本国财政不平衡为目标，推动实施对财政政策在预算总量上持续性的数量约束的跨国财政规则，以在经济正常时期保证财政的平衡和债务的可偿还性，避免过度开支的倾向。二是在国际经济动荡或危机时期，各国通过财政政策协调，共同实施扩张性财政政策，提高财政赤字，通过总需求扩张助力经济复苏，刺激经济增长。

7.2.2.1 财政政策协调理论

笔者同样从博弈论的角度出发，对财政政策协调的理论进行说明。针对上述所提及的两种方向的财政政策协调，笔者分析了扩张性财政政策的博弈和财政政策纪律的博弈。

扩张性财政政策的博弈如表7.3所示。在扩张性财政政策的博弈中，财政赤字增加了本国总需求，通过进出口贸易为其他国家带来正向溢出效应。在全球经济遭受冲击，需要各国政府实施扩张性财政政策刺激经济时，博弈双方的最优策略却是实施紧缩性财政政策。对于本国政府而言，如果外国实施紧缩性财政政策，本国实施扩张性财政政策，会使得本国出现财政赤字，而实施紧缩性财政政策则不出现财政赤字，相比之下福利损失更少；如果外国实施扩张性财政政策，本国实施扩张性财政政策，会使得全球经济变好，但本国无贸易盈余，而实施紧缩性财政政策则会产生贸易盈余，相比之下福利增加更多。因此，博弈双边都希望对方采用扩张性财政政策，利用其正向的溢出效应，通过双边进出口的扩张助力自身经济复苏，自身又无须承担财政赤字的后果。最终的纳什均衡是双方都拒绝合作，选择紧缩性财政政策，让全球经济持续衰退。

表7.3 扩张性财政政策博弈

项目	本国实施紧缩财政政策	本国实施扩张财政政策
外国实施紧缩财政政策	不合作：全球经济衰退	本国出现财政赤字，外国获得贸易盈余
外国实施扩张财政政策	本国获得贸易盈余，外国出现财政赤字	合作：都没有贸易盈余，但双方更高的支出改善了全球经济形势

财政政策纪律的博弈如表7.4所示。在财政政策纪律的博弈中，财政赤字产生了需要他国进行紧急援助的可能性，为其他国家带来负向溢出效应。同时还有另一种基于道德风险考量的负向效应，即财政赤字国家相信在其无力负担债务时，会有以IMF、世界银行等为代表的国际组织为其提供紧急资金援助。

在全球经济平稳运行时期，需要各国政府保持财政政策纪律，以维持财政的平衡和债务的可偿还性，避免过度开支，博弈双方的最优策略却是不维持财政政策纪律以呈现财政赤字状态。对于本国政府而言，如果外国产生财政盈余，本国产生财政盈余，有助于消解道德风险，助力经济平稳运行，而产生财政赤字可以带来本国经济的更快增长，且有他国的紧急援助作为财政赤字的支撑，相比之下福利增加更多；如果外国产生财政赤字，本国产生财政盈余，则担心需要紧急援助外国，而产生财政赤字则将双方置于同一起跑线，无紧急援助他国的需要，相比之下福利损失更少。因此，博弈双边都希望对方产生财政盈余，避免财政赤字负向的溢出效应，自身则利用对方潜在的紧急援助为自身积累的财政赤字买单，持续扩大本国产出，助力经济增长。最终的纳什均衡是双方都拒绝合作，选择不遵守财政政策纪律，持续产生财政赤字，导致全球经济积累风险。

表 7.4 财政政策纪律的博弈

项目	本国产生财政盈余	本国产生财政赤字
外国产生财政盈余	合作：遵循财政规则，消除道德风险	外国担心需要紧急援助本国
外国产生财政赤字	本国担心需要紧急援助外国	不合作：由于道德风险，所有国家产生赤字

可以看出，如果没有财政政策协调，双方博弈的最终均衡类似于囚徒困境，为纳什均衡下的非合作状态。各国都在给定对方的任一选择时选择自己的最优策略，此时所呈现的最终结果就是各国都表现出搭便车行为，都以自身利益为先选择不合作。而在有财政政策协调机制的情况下，双边可以通过沟通磋商和一定的约束机制实现合作博弈均衡，本国和外国通力合作，以求实现共同收益的最大化。两个现实例子是 2008 年国际金融危机和 2020 年初新冠疫情冲击全球经济时，G20 成员国携手合作，共同实施扩张性财政政策助力全球经济复苏，以期实现整体福利最大化。还有就是欧盟成员国国家内部的财政约束，在经济平稳运行时期，各国选择遵守共同的财政纪律和规则，以达到财政的平稳和债务的可偿还性。通过财政政策的国际协调，各国间的博弈由非合作的纳什均衡变为了整体福利最大的合作均衡。

7.2.2.2 财政政策协调经验

（一）欧盟成员国

目前财政政策协调最完善、最明确的就是欧盟成员国的财政政策协调。

表 7.5 展示了欧盟成员国的财政政策协调机制演变过程。1992 年,《马斯特里赫特条约》的签订标志着欧盟成员国内部财政政策协调机制的建立。1997 年,《稳定与增长公约》签订,这是 2008 年国际金融危机前欧盟成员国财政政策协调的核心机制,其重点在于实施财政政策约束和稳定经济,核心在于对成员国遵守财政政策纪律提出一定的要求和违规要求的惩罚措施:防止财政纪律松散国家的搭便车行为。具体而言,《稳定与增长公约》要求短期内各成员国的年度财政赤字不得超过本国 GDP 的 3%,中长期应当实现财政平衡或财政盈余目标。如果违背这一要求,相应的超国家主权机构会实施相应的惩罚措施:欧洲结构和投资基金会停止对欧盟国家的投资,欧洲中央银行会要求欧元区国家缴存 GDP 的 0.5% 作为无息存款,直至该国年度赤字低于 GDP 的 3%。2003 年,德国和法国突破了《稳定与增长公约》中赤字率 3% 的限制,但由于两国在欧盟中的重要地位,相应的惩罚措施并未立即执行,从而引起了广泛争议。2005 年,德国和法国开始主导《稳定与增长公约》的改革,对于不同国家设定了不同的中长期目标,相应的要求和免责条件也变得更有弹性。2008 年国际金融危机冲击下,经济复苏成了各国新的首要目标,欧盟出台了《欧洲经济复苏计划》,意图通过即时的大规模扩张性财政政策,从总需求出发刺激经济增长。这一计划暂时性地放松了《稳定与增长公约》对财政赤字率的要求。2010 年,欧盟出台了全新的被称为"欧洲周期"的宏观经济政策协调框架,主要包括财政约束、宏观纠偏措施和经济协调三个平行的部分。其中财政约束是对原有《稳定与增长公约》的保留和升级,通过在事前对各成员国的财政预算实施协调规划,以保持各国以及整个组织健康的公共财政体系,并实现促进结构性改革,增进投资、就业和经济增长的最终目标。2015 年,欧盟委员会、欧元区、欧洲中央银行、欧洲议会及欧洲峰会的五位主席联合发布了"五首脑报告"。报告指出要继续深化欧盟和欧元区国家的经济一体化进程,并建议建立财政联盟:构建欧盟层面的财政政策框架,建立一个超主权的欧洲财政建议委员会,以沟通协调各成员财政管理部门的行为和决策。报告还提出可以构建一个宏观经济稳定机制,通过欧洲战略投资基金的投资来解决单一国家无法应对的经济冲击。

欧盟成员的财政政策协调取得了良好的实际效果,整体财政赤字水平从 2009 年开始逐步下降,从当年的 6.6% 下降到 2019 年的 0.9%,在欧盟层面基本实现了财政平衡。

表 7.5　欧盟成员国的财政政策协调机制演变

年份	协调机制
1992	《马斯特里赫特条约》
1997	《稳定与增长公约》
2003	德国和法国违背《稳定与增长公约》
2005	《稳定与增长公约》改革
2008	《欧洲经济复苏计划》
2010	"欧洲周期"
2015	"五首脑报告"

数据来源：欧洲联盟官网。

（二）其他国际组织

财政政策协调中两个重要的国际组织是 G20 和 IMF，不过这类组织通常只能进行短暂的财政政策协调，并且约束力较弱。

G20 不设固定组织和办公场所，每年的活动安排都由当年的轮值主席国确定。但通常而言，G20 经济领域的峰会总是得到保留，并且是讨论的重点。该峰会上各国经济领域的重要官员，包括中央银行行长、财政部部长和其他经济事务主管部门的领导汇聚一堂，交流讨论经济、财政、货币等领域的合作协调问题。2009 年伦敦峰会上，各国共同承诺向 IMF 和世界银行注入 1 万亿美元，以帮助新兴市场国家经济复苏，对抗全球经济衰退。2020 年利雅得新冠疫情特别峰会上，各国领导人达成一致，制定了《二十国集团应对新冠疫情行动计划》，共同向全球经济提供 5 万亿美元，以遏制新冠的蔓延和消减其对全球经济带来的负面冲击。

相较于 G20，IMF 所达成的财政政策协调程度更弱，更多的是对全球、各地区以及各国家的财政发展状况进行监测，并提出降低财政风险、促进经济稳定和增长的建议。IMF 通过出版《财政监测报告》，定期评估各国的公共财政发展情况，并通过开展双边监督和多边监督对单个国家以及全球的公共财政发展状况进行监督。此外，IMF 还会对成员国进行年度访问，与成员国的政府官员、金融和工商界代表、工会以及民间团体进行会晤，讨论货币、财政、汇率等宏观金融政策，从而更好地评估一国的经济政策及前景发展。

7.3 "一带一路"框架下的国际协调和金融发展

随着中国经济的腾飞，中国的货币及财政政策不可避免地会影响到其他国家的经济发展和金融稳定，中国的发展也会受到其他国家国际政策的影响。新冠疫情更是助推了逆全球化趋势，国际政策协调面临着较大的困难。得益于积极有为的疫情防控政策和经济刺激政策，中国在较短时间内控制住疫情，并成为了 2020 年唯一实现经济正增长的主要经济体。作为一个新兴经济大国，中国需要承担起责任，建立起一个有效的国际政策协调机制。

7.3.1 发挥发展中经济体新引擎作用，提高参与度

就历史情况和现实实践而言，货币政策和财政政策的国际协调仍由发达经济体主导，新兴市场国家参与度较低，更遑论众多的发展中经济体。

2009 年 9 月，G20 集团领导人峰会时，各国领导人一致同意将 G20 作为国际经济合作和政策协调的首要平台。但就疫情期间的国际协调实际而言，由于 G7 集团国家经济发展水平接近、磋商和协调机制更为完善等原因，G7 在国际政策协调尤其是货币政策协调方面反应更为迅速，G20 集团经济合作首要平台的地位有所削弱。更重要的是，发展中经济体是全球经济金融体系中的脆弱环节，但同时也是经济复苏的新引擎，提高发展中经济体对国际政策协调的参与程度有显著意义。

"一带一路"是我国提出的具有全球视野和历史底蕴的区域经济一体化倡议，共建国家主要为发展中经济体，也有部分发达经济体。在"一带一路"的框架下进行国际政策协调，能够让众多发展中经济体更多地参与国际政策协调，有益于增加它们约束本国货币政策和财政政策的积极性，有助于提升国际政策协调机制的覆盖面和实施效果。同样作为发展中经济体，中国与"一带一路"众多发展中经济体的国际政策协调有着更相似的经济基础和更稳固的共同利益。

中国已经与许多国家建立起战略互信和合作伙伴关系，国际政策协调是既有合作领域的自然延伸，也是进一步深化合作的制度推动力。作为"一带一路"倡议的主要发起国，中国应当积极主动地推动建立货币政策和财政政策的定期磋商机制，如各国中央银行行长和财政部长级会议，还可以尝试建立有

约束力的常设国际政策协调机构，促进在共建国家中形成国际政策协调的制度规则，与共建国家通力合作消除货币政策和财政政策竞争，协力应对经济冲击，促进经济的共同繁荣发展。

但值得注意的是，"一带一路"共建国家间发展和需求的差异也提出了更高的挑战性。如何厘清地区间和国家间的差异，秉持合作共赢和互惠共利的原则，构建一个具有包容性、能够充分考虑不同发展程度间经济体差异的国际政策协调机制，考验着共建各国决策者的能力。

7.3.2 关注重点国家和区域，先行开展国际政策协调尝试

"一带一路"共建国家数量多、构成复杂，推动建立国际政策协调机制的难度大。可行的实施方案是针对重点国家和区域，先行开展国际政策协调尝试，如我国周边国家和地区。

东盟是"一带一路"建设中的重点环节，是中国—中南半岛经济走廊的核心目的地，2020年已经超越欧盟成为我国最大的贸易伙伴。中国和东盟之间的货币政策和财政协调对于促进双边进一步深化合作、助力双方经济增长、促进区域经济一体化的重要性和必要性不言而喻。现阶段，中国与东盟之间建立了"10+1""10+3""10+8"等对话合作机制，在互联互通、金融、教育、公共卫生、能源等诸多重点领域展开了深入合作，但缺乏货币政策和财政政策的定期磋商机制和常设机构。作为在历史沿革、文化传统以及经济发展程度上高度相似的两大经济体，相较于其他"一带一路"共建国家，中国与东盟国家更容易实现货币政策和财政政策的协调，也能起到更积极的经济促进作用，可作为构建"一带一路"框架下的国际政策协调样板。

7.3.3 对接现有国际政策协调机制，推动全球协调平台构建

"一带一路"倡议不是要推翻原有的国际秩序，而是要对接国际组织和共建国家的原有发展战略，实现共商共建共享经济发展成果。同样地，"一带一路"下的国际政策协调也不是要推翻原有的国际政策协调平台，而是积极对接，推动构建一个平等的全球性国际政策协调平台。

现有的国际政策协调平台主要以 IMF、世界银行、G20 等国际组织和论坛为主。发达经济体在国际政策协调中发挥了决定性的作用。作为最大的发展中国家和"一带一路"倡议的主要发起国，中国应该利用好现有的国际政策协

调平台，发挥自身优势和作用，积极代表新兴市场国家发声，与发达经济体针对货币政策和财政政策协调展开磋商交流。更重要的是，中国应该主动发挥桥梁作用，帮助现有国际政策协调平台与"一带一路"下的国际政策协调相对接，加深发达经济体和发展中经济体中央银行和财政部门的相互了解，认识彼此在国际政策诉求上的差异性，增强发展中经济体在国际政策协调中的参与度和话语权，努力打造平等的、合作共赢的、跨越发展阶段和经济体制的全球性国际政策协调机制。

财政金融支持经济高质量发展书系

第8章
结论和政策建议

8.1 主要结论

在文献及事实描述部分，本书首先系统回顾和阐述了金融发展的相关文献，包括金融发展的度量和界定、重要性和影响因素。紧接着，笔者回顾了区域经济合作理论，包括宏观经济与贸易合作、发展融资两个维度。最后，笔者概述了"一带一路"倡议提出的背景、目标、内涵、重点、机遇与挑战，并就金融支持和共建国家的基本情况进行详细分析，简要讨论了"一带一路"合作的现状以及对共建国家的影响。在理论机制部分，笔者从行为因素、资金约束、风险分担以及宏观经济协调四个维度阐明了区域经济合作影响金融发展的理论机制。以上两个部分为后文以"一带一路"为例分析区域经济合作对金融发展的影响打下了坚实的基础。

在实证部分中，笔者首先运用双重差分法直接探究了"一带一路"建设对共建国家金融发展的影响。紧接着，笔者从资金可得性、风险水平以及政策协调三个角度出发探究了"一带一路"建设影响共建国家金融发展的机制。最后，笔者还从货币的锚定效应、通胀相似程度、货币政策的趋同程度以及金融市场的联动性出发探究了"一带一路"建设对区域金融一体化现状的影响。总体而言，本书的主要结论包括以下三个部分。

一、"一带一路"建设显著提升共建国家金融发展尤其是金融机构的发展

共建国家与中国签订"一带一路"政府间合作文件后，其金融发展水平有显著提升。区分不同部门以及不同维度的金融发展后，"一带一路"的正向促进作用主要体现为金融机构的深度、可得性和效率，而对金融市场的可得性和效率有一定的抑制作用。这主要是由于当前"一带一路"倡议以各类大型的基础设施建设项目为核心，在资金筹集上更需要政府出资撬动社会资本以及各类大型金融机构的参与，因此对以金融机构为代表的间接融资的提升作用更大。根据共建国家的发展水平进行分组的结果则表明，"一带一路"的促进作用主要体现在新兴市场和低收入国家，而对发达经济体存在一定的抑制作用，这与当前"一带一路"建设的重心一致。

二、"一带一路"建设显著提升了共建国家的资金可得性，显著降低了风险水平，并提升了政策协调的可能性

资金可得性、风险水平和政策协调都是"一带一路"建设促进共建国家金融发展的重要渠道。资金可得性主要体现为签订"一带一路"合作协议后，中国对共建国家的直接投资存量显著增加，且在低收入国家中表现得更为明显。风险水平主要体现为"一带一路"倡议降低了共建低收入国家的金融部门风险和经济结构风险，而对共建发达市场和新兴市场的这两类风险没有显著影响。此外，"一带一路"建设对三类国家的政治风险都没有显著的影响。政策协调主要体现为共建"一带一路"显著增加了中国人民银行与共建新兴市场以及低收入货币当局签订双边本币互换协议的可能性。

三、"一带一路"建设显著提升了区域金融一体化水平

共建国家与中国签订"一带一路"政府间合作文件后，其货币汇率锚定以人民币为代表的区域货币的程度显著增加，其存款利率和实际利率相似性显著增加。此外，对于低收入国家而言，共建"一带一路"还提升了其通胀膨胀率的相似性、贷款利率的相似性以及金融市场的联动程度。

8.2 政策建议

基于本书对已有文献和现实的梳理以及实证研究得出的主要结论，笔者提出以下建议。

一、以金融发展为契机，助力"一带一路"发展

随着"一带一路"倡议的推进，越来越多的国家和国际组织通过相关合作协议加入这一合作框架。然而，仍有部分国家尚未建立起从合作中获利的信心，处于观望或迟疑状态，且对于部分已加入这一合作框架的国家，经济与金融合作的推进仍比较缓慢。本书研究表明，"一带一路"建设提升了共建国家的金融发展，将会进一步提升其他国家参与"一带一路"建设的热情。

二、以基础设施建设为核心，构建多领域深层次合作

当前"一带一路"建设主要是以基础设施建设的大项目为核心，这有效降低了共建国家间的贸易成本，提升了交通和贸易便利性，有助于促进共建国家的经济发展。而在金融发展上，这一核心的影响体现为其显著提升了共建国家的金融机构发展，但对金融市场的发展有一定的抑制作用。因此，今后"一带一路"下的合作，不仅需要牢牢把握基础设施建设这一核心，还需要构建多领域合作，例如服务贸易领域以及金融服务领域的合作；更需要构建多层次合作，不能仅局限于政府主导的大型基础设施建设，更要促进民间企业和资本的合作。"一带一路"通过在资源要素和人力资本要素的有序流动和配置，促进共建国家的经济和金融发展，最终达到金融机构和金融市场同时提升的良好局面。

三、建立常态化机制，畅通政策沟通与协调

政策沟通是"一带一路"倡议的"五通"之一，也是核心保障和根本前提。共建国家与中国签订"一带一路"政府间合作文件是合作的良好开端，但仍需要多领域的政府协调合作。特别是2019年末以来，全球经济陷入衰退，各发达经济体为了本国利益采取极度宽松的货币政策，导致全球流动性泛滥，全球货币体系滑向货币竞争性贬值的边缘，更加凸显了常态化政策协调的重要性。传统的国际政策协调中发达经济体占据绝对主导地位，广大发展中经济体话语权较小，参与度不高。

因此，在"一带一路"合作的框架下，我国更应该着力建立货币政策和财政政策沟通与协调的常态化机制，提升发展中经济体的参与度，发挥经济新态势下发展中经济体作为全球经济增长引擎的作用，也需要将所打造的常态化沟通机制对接已有的国际政策协调机制，推动构建一个平等有效的全球政策协调平台。

参考文献

[1] 艾洪德，徐明圣，郭凯．我国区域金融发展与区域经济增长关系的实证分析 [J]．财经问题研究，2004（7）：26 - 32.

[2] 蔡昉．"一带一路"手册 [M]．北京：中国社会科学出版社，2018.

[3] 陈继勇，李知睿．中国对"一带一路"沿线国家直接投资的风险及其防范 [J]．经济地理，2018，38（12）：10 - 15 + 24.

[4] 崔建军，王利辉．金融全球化、金融稳定与经济发展研究 [J]．经济学家，2014（2）：92 - 100.

[5] 戴金平，安蕾．汇率波动与对外直接投资：基于面板门限模型的分析 [J]．世界经济研究，2018（5）.

[6] 戴淑庚，胡文涛，李辉．金融发展、人力资本积累与经济增长 [J]．统计研究，2023，40（10）：83 - 95.

[7] 段晓华．"一带一路"背景下中国参与全球经济治理的路径选择 [J]．改革与战略，2017（12）.

[8] 顾露露，Robert Reed．中国企业海外并购失败了吗？[J]．经济研究，2011，46（7）：116 - 129.

[9] 韩永辉，邹建华．"一带一路"背景下的中国与西亚国家贸易合作现状和前景展望 [J]．国际贸易，2014（8）：21 - 28.

[10] 何茂春，田斌．"一带一路"的先行先试：加快中蒙俄经济走廊建设 [J]．国际贸易，2016（12）：59 - 63.

[11] 何青，冯浩铭，余吉双．应对新冠疫情冲击的货币政策国际协调 [J]．经济理论与经济管理，2021，41（5）：4 - 16.

[12] 黄凌云，邹博宇，张宽．中国金融发展质量的测度及时空演变特征研究 [J]．数量经济技术经济研究，2021，38（12）：85 - 104.

[13] 贾俊生，伦晓波，林树．金融发展、微观企业创新产出与经济增长——基于上市公司专利视角的实证分析 [J]．金融研究，2017（1）：99 - 113.

［14］金玲．"一带一路"：中国的马歇尔计划？［J］．国际问题研究，2015（1）：88-99．

［15］孔东民．通货膨胀阻碍了金融发展与经济增长吗？——基于一个门槛回归模型的新检验［J］．数量经济技术经济研究，2007（10）：56-66．

［16］孔庆峰，董虹蔚．"一带一路"国家的贸易便利化水平测算与贸易潜力研究［J］．国际贸易问题，2015（12）：158-168．

［17］李广众，陈平．金融中介发展与经济增长：多变量VAR系统研究［J］．管理世界，2002（3）．

［18］李向阳．跨太平洋伙伴关系协定与"一带一路"之比较［J］．世界经济与政治，2016（9）．

［19］李晓，李俊久．"一带一路"与中国地缘政治经济战略的重构［J］．世界经济与政治，2015（10）．

［20］林毅夫，蔡昉，李周．比较优势与发展战略——对"东亚奇迹"的再解释［J］．中国社会科学，1999（5）．

［21］刘小军，张滨．我国与"一带一路"沿线国家跨境电商物流的协作发展［J］．中国流通经济，2016（5）．

［22］卢锋．"一带一路"的影响、困难与风险［J］．奋斗，2015（7）．

［23］马建英．美国对中国"一带一路"倡议的认知与反应［J］．世界经济与政治，2015（10）．

［24］潘镇，金中坤．双边政治关系、东道国制度风险与中国对外直接投资［J］．财贸经济，2015（6）．

［25］钱水土，许嘉扬．中国农村金融发展的收入效应——基于省级面板数据的实证分析［J］．经济理论与经济管理，2011（3）：104-112．

［26］邱煜，潘攀．"一带一路"倡议与沿线国家债务风险：效应及作用机制［J］．财贸经济，2019（12）．

［27］冉光和，李敬，熊德平，温涛．中国金融发展与经济增长关系的区域差异——基于东部和西部面板数据的检验和分析［J］．中国软科学，2006（2）．

［28］孙楚仁，张楠，刘雅莹．"一带一路"倡议与中国对沿线国家的贸易增长［J］．国际贸易问题，2017（2）．

［29］谈儒勇．中国金融发展和经济增长关系的实证研究［J］．经济研

究，1999（10）.

［30］谭小芬，徐慧伦，耿亚莹."一带一路"背景下的人民币国际化实施路径［J］.区域金融研究，2017（12）.

［31］田巍，余淼杰.企业生产率和企业"走出去"对外直接投资：基于企业层面数据的实证研究［J］.经济学（季刊），2012，11（2）：303－408.

［32］王碧珺，李冉，张明.成本压力、吸收能力与技术获取型 OFDI［J］.世界经济，2018，41（4）：99－123.

［33］王芳，张策，何青，钱宗鑫.人民币区域化能促进贸易一体化吗？［J］.国际金融研究，2017（7）.

［34］文书洋，刘锡良，董青马.金融业应当让利吗？——基本事实、理论分析与全球实证证据［J］.金融研究，2023（5）：20－37.

［35］武志.金融发展与经济增长：来自中国的经验分析［J］.金融研究，2010（5）.

［36］夏昕鸣，谢玉欢，吴婉金，朱晟君，贺灿飞."一带一路"沿线国家投资环境评价［J］.经济地理，2020（1）.

［37］许统生，杨颖，陈雅.中国电子商务发展对出口的动态效应分析——来自"一带一路"沿线国家的证据［J］.当代财经，2016（12）.

［38］许家云，周绍杰，胡鞍钢.制度距离、相邻效应与双边贸易——基于"一带一路"国家空间面板模型的实证分析［J］.财经研究，2017（1）.

［39］杨胜刚，朱红.中部塌陷、金融弱化与中部崛起的金融支持［J］.经济研究，2007（5）.

［40］易纲.继续深化汇率改革［J］.资本市场，2016（Z1）：8.

［41］袁胜育，汪伟民.丝绸之路经济带与中国的中亚政策［J］.世界经济与政治，2015（5）.

［42］曾慧，乔柳玲，贾丽娜，张静."一带一路"共建国家营商环境对中国 OFDI 影响的实证研究——基于国别差异视角［J］.调研世界，2021（2）.

［43］张建红，卫新江，海柯·艾伯斯.决定中国企业海外收购成败的因素分析［J］.管理世界，2010（3）.

［44］张明.全球货币互换：现状、功能及国际货币体系改革的潜在方向［J］.国际经济评论，2012（6）.

［45］张志原，李论．"一带一路"倡议的扩散分析［J］．国际政治科学，2020（1）．

［46］周慧珺，龚六堂．金融发展与高收入群体收入分配的"库兹涅茨效应"——来自收入分布形状参数的实证检验［J］．世界经济文汇，2020（1）：1－16．

［47］周立，王子明．中国各地区金融发展与经济增长实证分析：1978—2000［J］．金融研究，2002（10）．

［48］周小川．关于改革国际货币体系的思考［J］．中国金融，2009（7）．

［49］宗芳宇，路江涌，武常岐．双边投资协定、制度环境和企业对外直接投资区位选择［J］．经济研究，2012（5）．

［50］Acemoglu, Daron, Simon Johnson, and James A. Robinson. 2001. "The Colonial Origins of Comparative Development：An Empirical Investigation." American Economic Review 91（5）：1369－1401.

［51］Acemoglu, Daron, and Fabrizio Zilibotti. 1997. "Was Prometheus Unbound by Chance? Risk, Diversification, and Growth." Journal of Political Economy 105（4）：709－751.

［52］Andrianaivo, Mihasonirina, and Charles Amo Yartey. 2010. "Understanding the Growth of African Financial Markets." African Development Review 22（3）：394－418.

［53］Arestis, Philip, Panicos Demetriades, Bassam Fattouh, and Kostas Mouratidis. 2002. "The Impact of Financial Liberalization Policies on Financial Development：Evidence from Developing Economics." International Journal of Finance & Economics 7（2）：109－121.

［54］Asghar, Nabila, and Zakir Hussain. 2014. "Financial Development, Trade Openness and Economic Growth in Developing Countries：Recent Evidence from Panel Data." Pakistan Economic and Social Review 52（2）：99－126.

［55］Azariadis, Costas, and Bruce D Smith. 1996. "Private Information, Money, and Growth：Indeterminacy, Fluctuations, and the Mundell－Tobin Effect." Journal of Economic Growth 1（3）：309－332.

［56］Bagehot, Walter. 1873. Lombard Street：A Description of the Money

Market: HS King & Company.

［57］ Baltagi, Badi H. , Panicos O. Demetriades, and Siong Hook Law. 2009. "Financial Development and Openness: Evidence from Panel Data. " Journal of Development Economics 89 (2) : 285 – 296.

［58］ Bangake, Chrysost, and Jude C. Eggoh. 2011. "Further Evidence on Finance – Growth Causality: A Panel Data Analysis. " Economic Systems 35 (2) : 176 – 188.

［59］ Beck, Thorsten. 2002. "Financial Development and International Trade – Is There a Link?" Journal of International Economics 57 (1) : 107 – 131.

［60］ Beck, Thorsten, Asli Demirgü? – Kunt, and Ross Levine. 2003. "Law, Endowments, and Finance. " Journal of Financial Economics 70 (2) : 137 – 181.

［61］ Beck, Thorsten, Ross Levine, and Norman Loayza. 2000. "Finance and the Sources of Growth. " Journal of Financial Economics 58 (1) : 261 – 300.

［62］ Bekaert, G. , C. R. Harvey, and R. L. Lumsdaine. 2002. "Dating the Integration of World Equity Markets. " Journal of Financial Economics 65 (2) : 203 – 247.

［63］ Bhattacharyya, Sambit, and Roland Hodler. "Do Natural Resource Revenues Hinder Financial Development? The Role of Political Institutions. " World Development 57 (2014) : 101 – 113.

［64］ Bijlsma, Michiel, Clemens Kool, and Marielle Non. 2018. "The Effect of Financial Development on Economic Growth: A Meta – Analysis. "? Applied Economics? 50 (57) : 6128 – 6148.

［65］ Bittencourt, Manoel. 2011. "Inflation and Financial Development: Evidence from Brazil. " Economic Modelling 28 (1 – 2) : 91 – 99.

［66］ Bou? t, A. , L. Cosnard, and D. Laborde. 2017. "Measuring Trade Integration in Africa. " Journal of Economic Integration: 937 – 977.

［67］ Boyd, John H. , Ross Levine, and Bruce D. Smith. 2001. "The Impact of Inflation on Financial Sector Performance. " Journal of Monetary Economics 47 (2) : 221 – 248.

［68］ Brainard, William C, and Richard Newell Cooper. 1968. Uncertainty and Diversification in International Trade.

[69] Braun, Matias, and Claudio Raddatz. 2008. "The Politics of Financial Development: Evidence from Trade Liberalization. " The Journal of Finance 63 (3): 1469 – 1508.

[70] Calderón, César, and Lin Liu. 2003. " The Direction of Causality between Financial Development and Economic Growth. " Journal of Development Economics 72 (1): 321 – 334.

[71] Cerutti, Eugenio, Stijn Claessens, and Damien Puy. 2019. " Push Factors and Capital Flows to Emerging Markets: Why Knowing Your Lender Matters More Than Fundamentals. " Journal of International Economics 119: 133 – 149.

[72] Chen, Yaowen, Zuojun Fan, Jie Zhang, and Min Mo. 2019. "Does the Connectivity of the Belt and Road Initiative Contribute to the Economic Growth of the Belt and Road Countries?. " Emerging Markets Finance and Trade 55 (14): 3227 – 3240.

[73] Chinn, Menzie D, and Hiro Ito. 2008. "A New Measure of Financial Openness. " Journal of comparative policy analysis 10 (3): 309 – 322.

[74] Christopoulos, Dimitris K. , and Efthymios G. Tsionas. 2004. "Financial Development and Economic Growth: Evidence from Panel Unit Root and Cointegration Tests. " Journal of Development Economics 73 (1): 55 – 74.

[75] Čihák, Martin, Asli Demirgüç – Kunt, Erik Feyen, and Ross Levine. 2012. " Benchmarking Financial Systems around the World. " Policy Research Working Papers 6175.

[76] Claessens, Stijn, Aslı Demirgü? – Kunt, and Harry Huizinga. 2001. "How Does Foreign Entry Affect Domestic Banking Markets?" Journal of Banking & Finance 25 (5): 891 – 911.

[77] Dehesa, Mario, Pablo F. Druck, and Alexander Plekhanov. 2007. "Relative Price Stability, Creditor Rights, and Financial Deepening. " IMF Working Papers 2007 (139): A001.

[78] Devenow, Andrea, and Ivo Welch. 1996. " Rational Herding in Financial Economics. " European Economic Review 40 (3): 603 – 615.

[79] Du, J. , and Y. Zhang. 2018. "Does One Belt One Road Initiative

Promote Chinese Overseas Direct Investment?" China Economic Review 47: 189 – 205.

[80] Easterly, William, and Ross Levine. 2003. "Tropics, Germs, and Crops: How Endowments Influence Economic Development." Journal of Monetary Economics 50 (1): 3 – 39.

[81] Feenstra, R. C. 1998. "Integration of Trade and Disintegration of Production in the Global Economy." Journal of Economic Perspectives 12 (4): 31 – 50.

[82] Fleming, Michael J, and Nicholas Klagge. 2010. "The Federal Reserve's Foreign Exchange Swap Lines." Current Issues in Economics and Finance 16 (4).

[83] Francois, J. , and M. Manchin. 2013. "Institutions, Infrastructure, and Trade." World development 46: 165 – 175.

[84] Frankel, Jeffrey A. 2016. "International Coordination." National Bureau of Economic Research Working Paper Series w21878.

[85] Frankel, Jeffrey A. , and David H. Romer. 1999. "Does Trade Cause Growth?" American Economic Review 89 (3): 379 – 399.

[86] Fry, Maxwell J. 1980. "Saving, Investment, Growth and the Cost of Financial Repression." World Development 8 (4): 317 – 327.

[87] Gennaioli, Nicola, Andrei Shleifer, and Robert Vishny. 2012. "Neglected Risks, Financial Innovation, and Financial Fragility." Journal of Financial Economics 104 (3): 452 – 468.

[88] Goldberg, Linda S. , and Cédric Tille. 2008. "Vehicle Currency Use in International Trade." Journal of International Economics 76 (2): 177 – 192.

[89] Goldsmith, Raymond. 1969. "Financial Structure and Development." New Haven: Yale University Press.

[90] Greenwood, Jeremy, and Boyan Jovanovic. 1990. "Financial Development, Growth, and the Distribution of Income." Journal of Political Economy 98 (5): 1076 – 1107.

[91] Gurley, Jhon G, and Edward S Shaw. 1960. Money in a Theory of Finance.

[92] Haggai, Kanenga. 2016. "One Belt One Road Strategy in China and

Economic Development in the Concerning Countries. " World Journal of Social Sciences and Humanities 2 (1): 10 – 14.

[93] Han, Lei, Botang Han, Xunpeng Shi, Bin Su, Xin Lv, and Xiao Lei. 2018. "Energy Efficiency Convergence across Countries in the Context of China's Belt and Road Initiative. " Applied Energy 213: 112 – 122.

[94] Hanh, PHAM Thi Hong. 2010. Financial Development, Financial Openness and Trade Openness: New Evidence. FIW working paper.

[95] He, Q. , C. Zhang, and W. Zhu. 2021. "Does Currency Matter for Regional Trade Integration?" International Review of Economics & Finance 76: 1219 – 1234.

[96] Helliwell, J. F. 1996. "Do Borders Matter for Social Capital? Economic Growth and Civic Culture in Us States and Canadian Provinces. " National Bureau of Economic Research Working Paper Series w5863.

[97] Herger, Nils, Roland Hodler, and Michael Lobsiger. 2008. "What Determines Financial Development? Culture, Institutions or Trade. " Review of World Economics 144 (3): 558 – 587.

[98] Holmstrom, Bengt, and Jean Tirole. 2011. Inside and Outside Liquidity: MIT press.

[99] Huang, Yongfu, and Jonathan RW Temple. 2005. "Does External Trade Promote Financial Development?" Bristol Economics Discussion Papers 05/575.

[100] Huybens, E. , and B. D. Smith. 1999. "Inflation, Financial Markets and Long – Run Real Activity. " Journal of Monetary Economics 43 (2): 283 – 315.

[101] Ito, Hiro. 2006. "Financial Development and Financial Liberalization in Asia: Thresholds, Institutions and the Sequence of Liberalization. " The North American Journal of Economics and Finance 17 (3): 303 – 327.

[102] Jaffee, Dwight, and Mark Levonian. 2001. "The Structure of Banking Systems in Developed and Transition Economies. " European Financial Management 7 (2): 161 – 181.

[103] Jeanneney, Sylviane Guillaumont, and Kangni Kpodar. 2011. "Financial Development and Poverty Reduction: Can There Be a Benefit without a Cost?" Journal of Development Studies 47 (1): 143 – 163.

[104] Jiang, Lingling, and Nick Marro. "'One Belt, One Road': What the Regional Plan Means for Foreign Companies." The US – China Business Council 30 (2015).

[105] Kaminsky, G. L., and C. M. Reinhart. 1999. "The Twin Crises: The Causes of Banking and Balance – of – Payments Problems." American Economic Review 89 (3): 473 – 500.

[106] Kappel, Vivien. 2010. "The Effects of Financial Development on Income Inequality and Poverty." CER – ETH – Center of Economic Research at ETH Zurich, Working Paper (10/127).

[107] Kaufmann, Daniel, Aart Kraay, and Massimo Mastruzzi. 2010. "The Worldwide Governance Indicators: Methodology and Analytical Issues." World Bank policy research working paper (5430).

[108] Kawai, Masahiro, and Victor Pontines. 2016. "Is There Really a Renminbi Bloc in Asia?: A Modified Frankel – Wei Approach." Journal of International Money and Finance 62: 72 – 97.

[109] King, Robert G., and Ross Levine. 1993. "Finance and Growth: Schumpeter Might Be Right." The Quarterly Journal of Economics 108 (3): 717 – 737.

[110] Kim, Dong – Hyeon, and Shu – Chin Lin. "Nonlinearity in the Financial Development – Income inequality Nexus." Journal of Comparative Economics 39, no. 3 (2011): 310 – 325.

[111] Kirshner, Jonathan. 1997. "Currency and Coercion: The Political Economy of International Monetary Power." Princeton University Press.

[112] Krugman, Paul R. 1984. "The International Role of the Dollar: Theory and Prospect." In Exchange Rate Theory and Practice, edited by John F. O. Bilson and Richard C. Marston, 261 – 278. National Bureau of Economic Research Conference Report Chicago and London: University of Chicago Press.

[113] La Porta, Rafael, Florencio Lopez – De – Silanes, Andrei Shleifer, and Robert W. Vishny. 1997. "Legal Determinants of External Finance." The Journal of Finance 52 (3): 1131 – 1150.

[114] Laeven, Luc. 2003. "Does Financial Liberalization Reduce Financing

Constraints?" Financial Management 32 (1): 5 – 34.

[115] Law, Siong Hook. 2009. "Trade Openness, Capital Flows and Financial Development in Developing Economies." International Economic Journal 23 (3): 409 – 426.

[116] Law, Siong Hook, Hui Boon Tan, and W. N. W. Azman – Saini. 2014. "Financial Development and Income Inequality at Different Levels of Institutional Quality." Emerging Markets Finance and Trade 50 (supl): 21 – 33.

[117] Levine, Ross. 1997. "Financial Development and Economic Growth: Views and Agenda." Journal of Economic Literature 35 (2): 688 – 726.

[118] Levine, Ross. 2005. "Chapter 12 Finance and Growth: Theory and Evidence." In Handbook of Economic Growth, edited by Philippe Aghion and Steven N. Durlauf, 865 – 934. Elsevier.

[119] Levine, Ross, Norman Loayza, and Thorsten Beck. 2000. "Financial Intermediation and Growth: Causality and Causes." Journal of Monetary Economics 46 (1): 31 – 77.

[120] Lim, Tai Wei, Wen Xin Lim, Henry Hing Lee Chan, and Katherine Hui – yi Tseng. 2016. "China's One Belt One Road Initiative". World Scientific.

[121] Liu, Yunyang, and Yu Hao. 2018. "The Dynamic Links between Co (2) Emissions, Energy Consumption and Economic Development in the Countries Along 'the Belt and Road'." Science of the total Environment 645: 674 – 683.

[122] Lucey, Brian M, and QiYu Zhang. 2010. "Does Cultural Distance Matter in International Stock Market Comovement? Evidence from Emerging Economies around the World." Emerging Markets Review 11 (1): 62 – 78.

[123] Marc, Sergio Clerc. 2018. "Impact of Financial Liberalisation on the Financial Development of Eight Countries Member of Sadc." Journal of Global Economics 06 (02).

[124] Mayer, C. , and O. Sussman. 2001. "The Assessment: Finance, Law, and Growth." Oxford Review of Economic Policy 17 (4): 457 – 466.

[125] McKinnon, Ronald I. 1973. Money and Capital in Economic Development: Brookings Institution Press.

[126] Merton, Robert C. 1995. "A Functional Perspective of Financial

Intermediation." Financial Management 24 (2): 23 –41.

[127] Minsky, Hyman P. 1964. "Longer Waves in Financial Relations: Financial Factors in the More Severe Depressions." American Economic Review 54 (3): 324 –335.

[128] Moore, B. J. 1986. "Inflation and Financial Deepening." Journal of Development Economics 20 (1): 125 – 133.

[129] Obstfeld, M. , J. C. Shambaugh, and A. M. Taylor. 2009. "Financial Instability, Reserves, and Central Bank Swap Lines in the Panic of 2008." American Economic Review 99 (2): 480 – 486.

[130] Obstfeld, M. , J. C. Shambaugh, and A. M. Taylor. 2010. "Financial Stability, the Trilemma, and International Reserves." American Economic Journal: Macroeconomics 2 (2): 57 –94.

[131] Ozkok, Zeynep. 2015. "Financial Openness and Financial Development: An Analysis Using Indices." International Review of Applied Economics 29 (5): 620 – 649.

[132] Patrick, Hugh T. 1966. "Financial Development and Economic Growth in Underdeveloped Countries." Economic development and Cultural change 14 (2): 174 – 189.

[133] Plummer, M. G. , D. Cheong, and S. Hamanaka. 2011. Methodology for Impact Assessment of Free Trade Agreements: Asian Development Bank.

[134] Qi, Shaozhou, Huarong Peng, Xiaoling Zhang, and Xiujie Tan. 2019. "Is Energy Efficiency of Belt and Road Initiative Countries Catching up or Falling Behind? Evidence from a Panel Quantile Regression Approach." Applied Energy 253: 113581.

[135] Rajan, Raghuram G. 2006. "Has Finance Made the World Riskier?" European Financial Management 12 (4): 499 – 533.

[136] Rajan, Raghuram G. , and Luigi Zingales. 1998. "Financial Dependence and Growth." American Economic Review 88 (3): 559 – 586.

[137] Rajan, Raghuram G. , and Luigi Zingales. 2003. "The Great Reversals: The Politics of Financial Development in the Twentieth Century." Journal of Financial Economics 69 (1): 5 – 50.

［138］ Reinhart, Carmen M, and Kenneth S Rogoff. 2009. This Time Is Different: Princeton University Press.

［139］ Rose, A. K. 2000. "One Money, One Market: The Effect of Common Currencies on Trade." Economic Policy 15 (30): 8 – 45.

［140］ Rose, A. K., and C. Engel. 2010. "Currency Unions and International Integration." National Bureau of Economic Research Working Paper Series w7872.

［141］ Sachdeva, Gulshan. 2016. India in a Reconnecting Eurasia: Foreign Economic and Security Interests: Rowman & Littlefield.

［142］ Saint – Paul, Gilles. 1992. "Technological Choice, Financial Markets and Economic Development." European Economic Review 36 (4): 763 – 781.

［143］ Sakakibara, Eisuke. 2003. "Asian Cooperation and the End of Pax Americana." In Financial Stability and Growth in Emerging Economies, edited by J. J. Teunissen and M. Teunissen, 227 – 240. The Hague: FONDAD.

［144］ Schumpeter, J. A. . 1911. The Theory of Economic Development. Cambridge: Harvard University Press.

［145］ Shaw, Edward Stone. 1973. Financial Deepening in Economic Development. New York: Oxford University Press.

［146］ Shi, Xunpeng, and Lixia Yao. 2019. "Prospect of China's Energy Investment in Southeast Asia under the Belt and Road Initiative: A Sense of Ownership Perspective." Energy Strategy Reviews 25: 56 – 64.

［147］ Stulz, René M. , and Rohan Williamson. 2003. "Culture, Openness, and Finance." Journal of Financial Economics 70 (3): 313 – 349.

［148］ Subramanian, Arvind, and Martin Kessler. 2013. "The Renminbi Bloc Is Here: Asia Down, Rest of the World to Go?" Journal of Globalization and Development 4 (1): 49 – 94.

［149］ Tobin, James. 1984. "On the Efficiency of the Financial – System." Lloyds Bank Annual Review (153): 1 – 15.

［150］ Weller, C. E. 2001. "Financial Crises after Financial Liberalisation: Exceptional Circumstances or Structural Weakness?" The Journal of Development Studies 38 (1): 98 – 127.

［151］ World Bank. 2014. World Development Report 2014: Risk and Opportunity –

Managing Risk for Development: The World Bank.

[152] Xu, Qinhua, and Williams Chung. 2016. China's Energy Policy from National and International Perspectives: The Energy Revolution and One Belt One Road Initiative. Hong Kong: City University of HK Press.

[153] Xu, Xiaoyan. 2020. "Trust and Financial Inclusion: A Cross – Country Study." Finance Research Letters 35.

[154] Yao, Lixia, Philip Andrews – Speed, and Xunpeng Shi. 2021. "Asean Electricity Market Integration: How Can Belt and Road Initiative Bring New Life to It?" The Singapore Economic Review 66 (01): 85 – 103.

[155] Zhang, Chengsi, Yueteng Zhu, and Zhe Lu. 2015. "Trade Openness, Financial Openness, and Financial Development in China." Journal of International Money and Finance 59: 287 – 309.

[156] Zhang, Yue – Jun, Yan – Lin Jin, and Bo Shen. 2020. "Measuring the Energy Saving and Co2 Emissions Reduction Potential under China's Belt and Road Initiative." Computational Economics 55 (4): 1095 – 1116.